会社がＶ字回復する！

損益計算書「経営者のための」活用術

久慈俊幸
KUJI TOSHIYUKI

幻冬舎 MC

会社がV字回復する！

経営者のための損益計算書活用術

はじめに

地方の中小企業が生き残るのは困難になっています。

帝国データバンクの調べによると、2023年における企業の倒産件数は8497件で、前の年より2000件以上、33・3％増えています。特に地方企業の倒産が多いことが指摘されています。また、倒産には至らないものの赤字に苦しんでいる企業も多くあります。国税庁が2023年に発表した資料によると、企業の65・3％が赤字となっており、なかでも地方の中小企業が苦しい状況に陥っています。

私は岩手県盛岡郊外にある除雪機械・特殊車両の整備・販売の会社の代表を務めています。私の会社も多くの地方の中小企業と同様、業績が芳しくない状態が続いていました。1955年に父親が創業して以降、社長一人が社員全員を引っ張っていく典型的な中小企業として、マネジメントや人材育成とはほとんど無縁でしたので無理もありません。

1982年、父親の急逝により私が社長に就任したときには、業績回復待ったなしの状況でした。

藁《わら》をもつかむ思いで私は経営に関する書籍を片端から読みあさり、経営セミナーにも積極的に参加し、得られた経営改善のメソッドを躊躇《ちゅうちょ》なく自社に取り入れ実践してきました。新しいことを次々と会社に取り入れようとしている私を社員は冷めた目で見るだけで、当初は何をやっても思うようにいきませんでした。しかし、本書のタイトルにある「損益計算書」を活用しはじめてから会社の雰囲気が明らかに変わり、社員の動きが見違えるほどよくなっていきました。それに伴い会社が黒字基調になり、以降、40年以上にわたり黒字を維持し売上も増加し続けています。

損益計算書とはいうまでもなく、会社の財務状況を示す財務諸表の一つです。この損益計算書を社員全員で共有し、活用するのです。

この手法の最大のメリットは、社員のモチベーションアップに絶大な効果を発揮することです。業績を回復させるための方法はあまたありますが、そもそも社員のモチベーションが高まっていないなかで策を講じても、その効果は長続きしないのです。

具体的には部門ごとの損益計算書を自分たちで作成し、仕入原価や人件費、経費を自分たちで決めたうえで売上目標を定めます。それはつまり自分たちが欲しい給料を自分たちで決めて、それを基に目標設定することでもあります。誰かに言われた目標ではなく自分たちで決めた目標だからこそ、社員は自発的に動きます。そして、自発的で前向きな社員が増えていけば自ずと売上が増えていくのです。

そこで本書では、会社の業績をV字回復させるための損益計算書活用術を紹介します。具体的に社員全員でどのように共有し活用するのか、私の会社で実践している方法を余すところなく解説していきます。

この本が、業績回復の糸口を見いだせずにいる地方の中小企業経営者の一助となればこれほどうれしいことはありません。

目次

第3章
会社のV字回復を実現する損益計算書活用のポイント

第4章

成長を続けられるか否かは
社長が社員に任せられるかで決まる
損益計算書を通じて社員に経営意識を持たせれば
業績はあとからついてくる

序章

進むマーケットの縮小と深刻化する人材不足業績回復の糸口が見いだせない地方の中小企業経営者たち

加速する人口減少と中小企業の試練

日本の人口減少が止まりません。我が国の総人口は2008年の1億2808万人がピークで、その後は減少が続き、2023年には1億2500万人を割り込みました。この傾向は今後ますます加速することが予想されており、国立社会保障・人口問題研究所の推計によれば、2040年の日本の総人口は1億1092万人になり、以降、毎年90万人程度減っていくことが見込まれています。都道府県別に見ると東京都など一部の地域で増加があるものの、全体的に見るとこの人口減少はほとんどの地域に当てはまるものです。

人口減少は企業にとって、大きな試練をもたらします。人口減少によって国内市場が縮小すれば、海外に販路のない企業の売上は減少します。また、働き手も少なくなっていきますので、企業の成長が思いどおりにいかなくなることも多々あります。悪化する業績に対して策を講じようにも資金がない、人材を採用、育成しようにもそもそも採用マーケットも縮小している……企業を取り巻く状況は厳しくなる一方です。

私は岩手県盛岡郊外で、除雪機械・特殊車両の整備・販売をしていますが、盛岡を中心とした地方経済も年々厳しくなっています。

会社を創業したのは私の父親で、社長である父一人が社員全員を引っ張っていく典型的な中小企業でした。１９５５年の創業当時、私は7歳で、トラックの整備をできる人はそれほどおらず、仕事をする父の背中を誇らしく思っていたものです。漠然と将来は父の会社を継ぐのだろうと思ってはいたものの、強い思いをもっていたわけではありませんでした。

東京の大学を卒業したあと、私の最初の就職先はトラックを製造するいすゞ自動車でした。そこに1年ほど勤めたあと、もともと身体の強くなかった父を案じ、実家に戻って今の会社に入ったのです。そのときはまだ「社長」という言葉を強く意識していたわけではなかったと思います。仕事も調達した車両部品の管理を行う一担当でしかありませんでした。そんな私が、父の急逝によって急遽会社を承継し、代表として会社を引っ張っていくかなければならなくなったのですが、それがどれほど困難なものになるのか、ということは想像できていませんでした。

父が健在の頃は、会社はうまくいっていると私は思っていました。しかしいざ蓋を開けてみると経営状態は厳しく、すぐにも業績を回復させないといけない状況だったのです。地盤を活かした有力な取引先もない中で、私はどうやってV字回復を実現すればいいのか途方にくれました。魔法のような解決策を持っているわけもありません。私はとにかく必死で経営に関する書籍を手当たり次第に読み、経営セミナーにも積極的に参加しました。そうして得た知識や手法を社内で試そうとしました。

しかし私の焦りとは裏腹に、社員たちの反応は冷めたものでした。私だけがあくせくしていて何をやっても空回りで社員の協力を得ることができず、なかなか思うようにいかなかったのです。

業績不振の中小企業が抱える課題

会社の業績が良くないのに、どうして誰も動いてくれないのかと、私は考えました。父は創業者として、大型トラックの整備に精通した技術者であり、現場で腕を磨きながら会社を育て上げてきた人でした。社員にとって父は経営者であると同時に、高度な技術を教えてくれる師であり、まさにカリスマ的な存在だったのです。一方、当時の私は部品管理を担当する一社員で、営業経験も技術的な知識も一切ありませんでした。そんな新社長に対して、社員たちは頼りなさを感じていたはずです。

企業経営において創業者のカリスマ性は、確かに成長を促す大きな推進力になります。創業者が示す強いビジョンとリーダーシップは企業文化を築き、外部との信頼関係を強化する力を持っています。そして社員を感化し組織全体の士気を高めることができます。

しかしそうした組織のトップにカリスマ性のない人物が就くと、当然ながらこうしたトップダウンによる組織運営がうまく機能しなくなります。むしろすべての歯車が逆回転するかのように、トップの指示は社員に響くことがなく、社員は冷め、組織全体の士気は下がります。場合によっては離職者すら出るようなことになって、会社の力が急速に失われてしまうのです。実際、多くの中小企業が直面する後継者問題はこの点に起因していきます。創業者のカリスマ性が強く影響を及ぼす一方で、後継者がその影を乗り越えられず、組織全体の活力が低下するケースが少なくありません。

厳しい現実の中で会社がV字回復するためには

私が父の会社を承継した最初の頃、父のようなカリスマ性があるわけでもない自分が、どうやって会社を動かしていけばいいのかと悩む日々が続きました。トップダウンで会社が回っていた父の時代とは異なり、私の場合、カリスマ性とは異なるもので会社を動かしていかなければならなかったのです。書籍やほかの会社の経営者から聞いて試した経営手法や戦略は、どの施策もなかなか効果が出ませんでした。この経験を通じて痛感したのは、社員が動いてくれなければ、いかなる手法も効果を発揮しないという現実です。

そこで私が考えたのは、社員にやる気になってもらうにはどうすればよいかということでした。何しろ自分一人が頑張ったところで、会社の業績をV字回復させるなどということは不可能です。

2代目社長でカリスマ性があるわけでもない私がトップダウンではなく、社員たちにやる気を出してもらい、業績を回復するにはどうすればよいのか？

なんとしても、子どもの頃に誇らしく感じた父の会社を安定的に成長させたい。社員の中には子どものときからかわいがってもらっていた古株の人たちもいました。この会社を絶対につぶしてはいけない。そう思っていた私にとっての課題はどうやって社員たちのやる気を引き出すか、つまり社員の仕事に対する「モチベーション」をいかにして引き出すか、ということでした。そして、社員のモチベーションを引き出すのに絶大な効果を発揮したのが、「損益計算書」の活用だったのです。

第1章

業績回復はどんな策を講じるよりも社員のモチベーションアップがカギ

中小企業の成長に必要なのは社員の力を引き出すこと

社員一人ひとりのモチベーションが高まると、組織全体の生産性や創造性が向上し、企業の成長が促進されます。中小企業の限られたリソースを最大限に活用するためには、社員一人ひとりが自分の役割に誇りを持ち、自主的に行動できる環境を整えることが求められます。組織が成長するためには、全員参加型の経営が重要となり、社員が自身の仕事を企業の成功に直結するものと感じることが必要です。

しかしそのモチベーションを上げるのは簡単ではありません。そのための施策として、まず企業は社員と共有できる明確なビジョンを掲げることが求められます。ビジョンを共有することで、社員は自らの仕事に意義を感じ、チーム全体の一体感が生まれます。また、目標を設定するときには、チームみんなでワイワイガヤガヤ話し合いながら決めるのが非常に効果的です。目標が「会社が設定したもの」ではなく「みんなで決めたもの」になるからです。

例えば売上を上げたいと思ったときに、実はその答えはすでに現場の社員が持っていたり、現場が考えて出してきたアイデアに優れたものがあったりするものです。同じように顧客満足度を上げたり、品質を高めたりすることで付加価値を付けようと思ったら、現場に考えてもらったほうが良い解決策が出たりするのです。そのために、現場の社員たちから積極的にアイデアを出してもらい、行動に移してもらう必要があります。その原動力は仕事へのモチベーションにほかなりません。

社員のモチベーションを引き出し、維持するための取り組みは、企業の競争力を強化し、長期的な成長を支える柱となります。組織はカリスマ性だけでなく、社員全員の意識改革と積極的な参加を促すことで、持続可能な発展を実現することができるのです。

会社の成長を左右する社員のモチベーションの力

高いモチベーションを持つ社員は、自身の成長と会社の成長を同時に意識し、責任を持っておのおのの職務を遂行します。そして、この社員一人ひとりの意欲的な取り組みが、企業の柔軟な対応力となり、結果として顧客満足度を高めます。社員が自ら考え行動することで、企業は変化する市場環境や多様な顧客ニーズにも柔軟に対応できるようになるのです。モチベーションが高い社員は、自分の仕事に責任感を持っており、製造やサービスの質に対してもこだわり、細かな顧客のニーズにも応えようとします。モチベーションの低い社員と比べて、モチベーションの高い社員の顧客対応力がいかに優れているかがイメージできるはずです。モチベーションの低い社員は、顧客のニーズや満足度を深く考えようとせず、その結果、対応が画一的で柔軟性に欠けてしまいます。一方で、モチベーションの高い社員は、顧客の多様な要望を的確にとらえ、臨機応変に対応することができます。

これにより顧客満足度が向上し、企業のイメージも良くなります。社員のモチベーションが顧客満足度や企業イメージに与える影響が非常に大きいことは明らかです。

また、製品やサービスを提供する相手が人間である以上、営業や販売スタッフが高いモチベーションを維持できるかどうかは顧客満足度に大きく影響します。人には「認知バイアス」と呼ばれる、自分特有のこだわりや偏りをもって情報を認識する傾向があります。そのため、本来は論理的で効率的な選択をすべき場面でも、感情的な理由や先入観によって非合理的な選択をしてしまうことがあります。つまり、「人は必ずしも合理的な判断をするとは限らないもの」なのです。

生産性を向上させるために効率的な仕組みを整えても、計画どおりに進むことはまれです。社員一人ひとりが状況や役割を理解し、臨機応変に対応することで、顧客との信頼関係を強化できます。これによりリピーターが増え、新規顧客も口コミで増えることが期待できます。

そのためには、社員が経営者の視点を持ち、高いモチベーションで取り組むことが重要です。全従業員の6～7割がこの姿勢を持てば、組織内の議論が活性化し、潜在的な課題にも迅速に対応できるようになります。組織には二、六、二の法則があり、上位6〜7割が経営者の視点を持てば大きな効果が出せるので、さらに従来の仕事のスタイルを改善し、イノベーションを起こすことも可能になります。

モチベーションが上がれば人材は定着する

また、社員のモチベーションを高めることは企業の人材定着にも直結します。

私が最初に着手したのは、社員とのコミュニケーションの強化です。定期的なミーティングを通じて経営状況やビジョンをみんなと共有することを心がけました。社員が会社の方向性を理解し、目標に向かって一体感を持てるような体制を整えることで、組織全体の士気が向上しました。さらに、単に情報を伝えるだけでなく、経営の状況や戦略を社員と一緒に考える場を設け、全員が経営の一端を担っているという意識を育てました。

また、社員の成果を評価し、努力が報われる仕組みを整えることも欠かせません。私の会社では、報酬だけではなく、努力に対するフィードバックとして、表彰制度を整えました。また、社員同士で褒め合う文化を育むことで、チーム全体が前向きな雰囲気に包まれるようになりました。社員が自分の成長を実感できる環境は、モチベーションの向上に大きく寄与します。

このように、モチベーションを引き出す取り組みを重ねることで、企業に対する帰属意識が強まり、人材の定着率が向上しました。社員が安心して長く働ける環境は、企業の持続的な成長を支える礎です。人材の流動性が高まる昨今、企業が競争力を維持するためには、経営者が単なる指導者ではなく、社員を信じて支える存在となることが求められます。社員のモチベーションが上がれば、その成果として企業に必要な人材が長く定着し、組織の活力は自然と高まっていくのです。

困難を乗り越えて経営を安定させるためには

企業の活力を維持し、困難を乗り越えて経営を安定させることは、経営者にとって非常に重要な課題の一つです。特に中小企業の場合、限られたリソースの中でどのようにして成長を実現したらよいかという問題は、大企業と比べると一層深刻なものとなります。市場の変化や経済的なプレッシャーが年々増していく中、企業が持続的な成長を追求するためには、確固たる戦略と柔軟な思考が欠かせません。既存の成功体験や固定観念に縛られていると、たちまち衰退が始まるのです。

私自身、社長としての最初の頃は、経営についての知識がほとんどない状態でした。創業者である父から会社を引き継いだものの、経営ノウハウを持ち合わせておらず、判断に苦労する日々が続いたのです。

しかし結局のところ企業は人ではないかと思うようになりました。特に自分は創業者でもなく、すでに会社はある状態でした。自分がなんとかしようとするより、今いる社員たちに考えてもらったほうがうまくいくのではないか。そう考えて、経営者として取り組んだのは社員たちにやる気になってもらう仕組みづくりです。

自分でなんとかしようとするのではなく、社員たちに会社の状況を知ってもらい、一人ひとりに自ら考えて行動するようになってもらうためには、どうすればいいのか。本当にいろいろなことを試してみたのですが、その中でいちばん社員たちのやる気を引き出し、トップダウンではなくボトムアップ型の業績回復ができたのは、とてもシンプルな方法を取り入れることでした。

社員のモチベーションを高める意外なもの

それは意外なもので、どこの会社にでも必ずできるものです。私は高額な報酬を払って経営コンサルタントを雇ったわけでもなく、人材育成のための外部からの支援をしてもらったわけでもありません。極端な話、そうしたコストは一円も使うことなく業績回復を実現しました。

それが本書のタイトルにある「損益計算書」を活用したボトムアップによる組織改革と、それを通じたV字回復の実現だったのです。

社員のモチベーションの高さは企業の成功を支える重要な要素です。特に、経営経験が浅い2代目社長や、カリスマ性に欠けるリーダーでも、社員の力を引き出すことで組織全体の成果を上げることができます。自分一人では何もできないことを理解している経営者ほど、現場を担う社員の協力なしでは会社が円滑に機能しないことを深く認識しており、積極的に社員との関係構築に努めるようになるのです。

私の場合は特に、定期的な経営状況の共有や、今後の展望について社員に理解してもらえる場を設けることで、全員が同じ方向を向いて進んでいけるような環境づくりを心がけました。

ただ、何もない中でそうしたことを話すのは難しいものです。そこで損益計算書の登場です。数字を使って現実的な話をしていきました。社員には自分たちが日々やっていることを数字で把握する習慣をつけていってもらいます。そうすると自然と自分たちの目標を数字で把握することにつながります。その具体的な取り組みが、社員全員で損益計算書を共有し活用することだったのです。

第2章

社員のモチベーションを高める最強ツールは「損益計算書」社員全員で共有し、活用すれば会社はV字回復できる

損益計算書を社員と共有することで、社員のモチベーションが上がる

なぜ損益計算書が社員たちのやる気を引き出し、業績回復につながるのか。その目的は単なる売上やコスト、利益の共有をすることだけではありません。損益計算書として最終的に表される数字の集計とその集計のプロセスを社員たちにやってもらうことにあります。

以前から、損益計算書は単に経営状況を把握するためのツールとして利用していましたが、私はこれを社員全員に共有することによって、会社全体の経営状況を可視化する仕組みとして利用することにしました。ただし単に経営指標として使ったのではなく、社員全員で損益計算書を作るということがポイントで、それをどこの部署にも必要な業務として取り入れていったのです。

損益計算書を定期的に確認することで、社員は自分の仕事が会社全体にどのような影響を与えているかを数値で実感することができます。また、部署ごとに目標を数字で管理す

ることにつながり、前回よりも数字を良くするためには何をすればいいのか、という意識が社員全員に自然と身についたのです。この意識の変化は、単なる生産性向上にとどまらず、最も大きな効果として社員一人ひとりのモチベーションアップにつながりました。「損益計算書」を活用し始めると、何をやっても後ろ向きだった社員の目の色が急に変わり、業務に対しても主体的に取り組み始めるようになったのです。そこから会社全体の雰囲気も大きく変わっていきました。社員に経営者マインドが生まれ、多くの社員が自発的に動くようになり、チームとしての一体感が醸成されていったのです。その結果、業績はV字回復し、40年以上にわたって黒字を維持し売上も増加し続けています。

多くの中小企業では損益計算書を社員に共有していないのではないかと思いますが、これは私にいわせると実にもったいないことです。損益計算書を社員に共有し、さらにその作成を社員たちに主体的にやってもらえば、どんな人材研修を実施するよりもはるかに大きな社員のモチベーションを高めるという効果につながるのです。

社員のモチベーションを高めるための「損益計算書」～基本的な考え方～

損益計算書は一般的に、企業の経営状況を把握するための財務書類として活用され、年間の売上や費用、利益や損失をまとめた決算書として企業活動の健全性を示すものです。しかし、本書で取り上げる損益計算書はそれだけにとどまらず、企業の業績向上を目指した社内ツールとして、特に社員のモチベーションを高めるために活用することを目指しています。この「社員のための損益計算書」は、社員と会社の目標をリンクさせ、業績向上と社員のモチベーションアップを同時に実現することが狙いです。

ここで注目すべき点は、損益計算書の中でも「経常利益」です。経常利益は、企業が日常的に生み出す収益力を示す指標であり、営業活動だけでなく、財務活動や資産運用の結果も含めた、会社全体の「稼ぐ力」を表しています。この「稼ぐ力」と社員個人のニーズや働きがつながることで、社員は業務の成果を具体的なものとしてとらえやすくなり、日々の業務におけるモチベーションが向上するのです。私の会社では、経常利益が増えれば、社員旅行の費用確保や賞与、ベースアップ、休暇取得などが実現できます。実はこの経常利益を残すことが自分たちにも還元されるというのも重要なポイントの一つになります。経常利益を重視することで、社員は会社の業績と自らの待遇が直結していることを実感し、働く意欲が高まるのです。

このように、経常利益と社員の待遇が直接リンクする仕組みは、特に地方の中小企業で大きな効果を発揮する可能性があります。地方の企業が業績の回復や成長に苦しむ理由の一つとして、会社の目標と社員の思いが一致していない点が挙げられます。社員が自分の働きが企業全体にどう貢献しているのか日常的に実感する機会が少ないと、成長意欲や貢献意識が薄れがちになるからです。そこで、私たちは経常利益を社員の具体的な目標と結び付け、社員自身がその利益にどう関わるかを実感できる損益計算書を作成することで、会社と社員のニーズを同時に満たすことを目指しています。

また、この取り組みは、従来のインセンティブ制度とは異なり、社員が主体的に目標を設定できる点に大きな特徴があります。多くの企業で導入されているインセンティブ制度では、会社があらかじめ設定した目標に沿って社員が成果を出し、ボーナスや昇給といった報酬が支給されます。しかし、こうした仕組みでは「会社の目標ありき」であり、社員は与えられた目標に従うしかないため、働く目的が抽象的で、働きがいを見いだしにくいという課題があります。それに対して、「社員のための損益計算書」では、社員が自ら「給与をこの程度上げたい」「ボーナスを増額したい」「休暇を確保したい」などといった具体的な希望を抱き、それらを実現するために必要な経常利益を逆算して目標を設定します。これによって、社員は日々の業務で経常利益に直接的に貢献していることを実感でき、主体的に業務に取り組む動機が生まれます。

さらに、経常利益が増えることで得られる報酬や待遇が具体的に「見える化」されることも重要です。社員の目標とその達成によるメリットが明確に示されることで、社員は目指すべき成果が具体的にイメージできるようになります。例えば、経常利益が一定額を超えればボーナスの増額がある、利益が安定すればベースアップが実現するといった具合に、社員にとって利益向上が自らの生活に直結していることを強く感じられるのです。これにより、社員が会社の利益と自らの利益が一致していると理解しやすくなり、目標達成への意識と意欲が高まる効果が期待できます。

このようにして、経常利益を基盤に、会社の成長と社員の目標が連動する「社員のための損益計算書」は、従来の経営ツールとは異なる新しい発想をもたらすものです。経常利益を重視し、それを社員が自らの希望と結びつけて主体的に目標を設定することで、社員と会社の利益が合致し、互いにとって価値のある成果を目指すことができます。この仕組みは、特に地方の中小企業が一丸となって成長を目指すうえで、社員一人ひとりの力を引き出し、持続的な成長を促進する大きな原動力となるはずです。

一般的な損益計算書とは

損益計算書は経営者であれば常に目を通しているものですが、なじみのない社員と共有するために、一度基本的な部分から損益計算書について確認します。

損益計算書とは、企業のある一定期間での収益と費用をまとめた、経営業績を表す決算書のことを指します。「Profit and Loss statement」といい、一般的には「P／L（ピーエル）」と呼ばれます。簡単にいえば、企業に入ってくるお金と、出ていくお金を表しており、その企業が儲かったのか、または損しているのかが一目瞭然でつかめるようになっています。

従来の「損益計算書」には、大きく「収益（売上）」「費用」「利益」の3つの要素が記載されています。

収益＝どれくらい収入を得られたか
費用＝何にどれだけお金を使ったか
利益＝儲けはいくら残ったか

簡単に言えば、「収益」と「費用」から「利益（儲け）」が分かる仕組みになっています。この「収益」「費用」「利益」の3つの要素のうち、最も重要なのは「利益」です。そして、その「利益」は5つに分解されており、この5つの利益から、企業の経営状態を読み取っていきます。

①売上総利益（粗利《あらり》）

売上総利益＝売上高－売上原価

売上総利益は、企業が商品・サービスを提供することによって得られる利益のことで「粗利」とも呼びます。商品・サービスを販売して得た売上高から売上原価を引くことで算出することができます。ちなみに売上原価とは、売上高にかかった直接的な費用のことで、大きく分けて「仕入原価」と「製造原価」の2種類があります。前者は販売サービス業における売上原価で、商品の仕入れにかかった費用のことです。この「仕入原価」には商品の購入費用や、商品の送料、保管料などが含まれます。もう1つの「製造原価」は、原材料の購入にかかった費用で、材料費、労務費、経費などがあります。ただし私たちの会社のような小さな会社は必要ないと思い、製造原価の項目を使用していません。

②営業利益

営業利益＝売上総利益－販売費および一般管理費

「営業利益」とは、本業によって得られた利益のことです。本業とは企業の主要な営業活動を指します。私たちの会社の場合は、除雪機械や高所作業車、化学消防車など特殊車両の整備・修理・点検、販売での売上高の利益がここに入ってきます。すなわち本業での儲けが営業利益になります。

なお、ここに出てくる「販売費および一般管理費」とは、商品・サービスの販売など営業活動にかかる間接的な費用（経費）のことをいいます。販売費とは、広告宣伝費や営業部門の人件費、販売手数料など、一般管理費は水道光熱費、消耗品費、減価償却費、管理部門の人件費などがこれに該当します。

③経常利益

経常利益＝営業利益＋営業外収益－営業外費用

本業の営業活動と財務活動から得られる利益のことを「経常利益」といいます。経常利益は略して「経常《けいつね》」と呼ばれます。営業利益に営業外収益を加えて、営業外費用を差し引くことで、求めることができます。

この「経常利益」は、本書の損益計算書では非常に重要な要素になってくるので、ほかの利益項目よりも詳しく理解する必要があります。

ここに出てくる「営業外収益」とは、企業が本業以外の活動で得られる利益のことを指します。営業外収益には次のような項目が含まれています。

受取利息　　：預金によって発生する利息収入
受取配当金　：保有している他社の株式から得られる利益の配当金
有価証券売却益：保有している株式や債券などを売却した際に生じる利益
為替差益　　：外国為替の変動によって生じた利益

もう１つの要素である「営業外費用」とは、「営業外収益」と正反対の考え方で、本業以外の営業活動を行ううえで発生するコストのことです。こちらには次のような項目が含まれています。

支払利息　　：金融機関からお金を借り入れたことで発生する利子や利息
支払手数料　：取引や業務の際に発生する手数料や費用
有価証券売却損：保有している他社の株式を売却した際に生じる損失
為替差損　　：外国為替の変動によって生じた損失
社債利息　　：企業（自社）が発行した社債に対して支払う利息

企業は本業で稼いだ利益以外にも、自社としてさらなる成長を目指す、あるいは今の事業を維持するために、金融機関などから資金を調達します。いわば「借金」です。その資金は、新たな人材確保に充てたり、新しい設備投資に使ったりするため、借金ではありますが、経営を継続的に行ううえでは有効な方法です。ただ、借金をすると必ず返済義務が発生し、この「営業外費用」に含まれるような支払利息や支払手数料が生じてくるのです。

しかし、事業として成長していくためには、ほとんどの場合資金調達が継続的に必要になりますし、そこにはこうしたコストを伴います。そう考えると「経常利益」は、継続的に本業以外の利益と費用を考慮しながら対応していく利益であり、「企業全体の日常的に稼ぐ力」を表しているといえます。

④税引前当期純利益

税引前当期純利益＝経常利益＋特別利益−特別損失

「税引前当期純利益」とは、簡単にいえば法人税などの税金を支払う前の利益のことです。本業の営業活動で稼いだ利益だけでなく、期中に生じた本業以外の一時的な損益も特別利益と特別損失として含みます。「特別利益」とは、普段ではあり得ない臨時的に発生した利益のことです。不動産などの固定資産による売却益や、証券売却による売却益がそれに当たります。「特別損失」とは、例外的に発生した損失で、これも大きな影響が生じます。株式や証券売却による売却損や災害による損失などがあります。

⑤当期純利益

当期純利益＝税引前当期純利益−法人税等（法人税＋法人住民税＋法人事業税）

決算期に損益計算書に記載される最終的な利益のことです。「純利益」とも呼ばれています。その期（1年間）における最終的な経営成果であるため、これがプラスであれば「黒字」、これがマイナスであれば「赤字」となります。企業の経営状況を判断するうえでは、最も重要な数字といえます。「法人税等」とは、利益に対してかかる税金を示します。ここに含まれるのは法人税のほかに、法人住民税（法人が事業所を置く地方自治体に納める地方税）、法人事業税（事業に対して課せられる税金のこと）があります。

多くの経営者は、経営を始めた頃は、売上高を増やすことに注力してしまいますが、大事なのは1年間の営業活動の中で、損益計算書で示したようなこれらの「利益」をしっかりプラス（黒字）にしていることです。そのためにも、「損益計算書」のような決算書は経営者であれば読めるようになっておくことが、安定した業績をあげていくうえでは必要不可欠です。

私自身も社長になって最初に取り組んだのは、決算書を含めた会社の財務状況の把握です。そのときにこの「損益計算書」の仕組みも勉強しました。クルマを運転するときは、暗い夜道ではライトをつけないと、今自分のクルマがどこにいて、どこに向かっているかが分かりません。一歩間違えば脱輪して、動けなくなってしまう危険性もあります。

会社経営では、数字を把握することが自動車のライトの役割を担います。その数字を経営者は常に分かっておかないと、自分たちは今儲かっているのか、損をしているのかも分からないまま、気がつけば、脱輪だけでは済まない大事故に発展してしまいます。ひどい場合は、取り返しのつかないことになってしまう可能性もあるのです。

社長に就任した当時、私たちの会社には経理スタッフが一人いたのですが、一般事務との兼務で、経理の知識はほとんどない人材でした。これからは、現状の売上・利益、そして経費などを毎月可視化できるようにしたいと考え、税理士事務所に勤めていた人材を経理担当として採用しました。

なおこの損益計算書が経営においてなぜ必要なのか、その具体的な目的は次のようなところにあります。

収益性の把握

損益計算書を見れば、企業がどれだけ儲かったのか、またはどれだけ損失を被っているのかが明確に分かるようになっています。そのため、企業が1年間で営業活動やその他の財務活動により得た収益と費用の差額から利益を算出することで、企業の収益性を測ることができます。

コスト管理の効率性

売上原価や費用などの構成を把握して、売上に対する割合はどうなのか、利益率はどうなのか、企業の経営効率を評価することができます。販売費や一般管理費、売上原価などが適正かどうかを分析するためにも活用できます。それによって最適な構成になっているかを評価します。

財務分析・予算編成の策定

損益計算書を基に、売上・利益予算に対して実績値がどうなっているのか評価します。

それを基に目標に達していない場合は、改善策を考えて実行していきます。また、次期の予算編成や融資判断にも活かしていきます。

中長期計画の予測

自社の損益計算書の過去のデータと比較して、経営成績の傾向をつかむことができます。それによって、マーケットの相場観や今後のトレンドを把握するのにも役立てます。また、自社の中長期の経営計画や将来の目標設定を行うことにも活用できます。

金融機関の資金調達の基準

企業が融資を受ける際に、銀行などの金融機関はこの損益計算書を参考にします。企業の返済能力や安定性を見極める判断材料にしています。一定以上の利益を継続して生み出していると、金融機関などからの融資が受けやすくなります。

社員のモチベーションを高めるための「損益計算書」〜実践と効果〜

この損益計算書の活用に気づいたのは、東京でのセミナーで「社員主導の目標設定によるV字回復」の成功事例に触れたことがきっかけでした。これをヒントに、自社でも同じように社員主導で目標設定を行い、さらに損益計算書の作成に社員を参加させることを考えました。この新たな試みは、単なる財務目標の設定にとどまらず、社員の生活や働きがいに直結するものとして機能しています。

具体的な実践として、「社員旅行」を例に見ていきます。通常であれば社員旅行の行き先や予算は管理部門や経営陣が決めるものですが、この取り組みでは社員が自分たちで行き先を選び、その旅費を目標利益に組み込むことにしました。社員は実現したい旅行の予算を目標利益に換算し、「この金額を達成すれば旅行が実現する」という目標を設定するのです。自ら決めた目標のために努力を重ね、その成果が自身の身近な体験に還元されることが、社員の意欲を高めています。

次に行ったのは、社員自身が翌年度の基本給（ベースアップ）を決めるという画期的な試みです。一般的に給与や昇給は経営陣が決定するため、社員が直接的に関与することはほとんどありません。しかしこの制度では、社員が自分の努力や目標達成に基づいて報酬を設定できるため、「自分の報酬を自分で決められる」という考えが社員に大きな反響を呼びました。社員はその金額を達成するための経常利益目標を逆算し、自らの働きが収益にどう関わるかを深く意識するようになりました。

また、「業績配当金（賞与）」も社員同士で決定しています。これには各部署や工場単位でメンバー同士が話し合い、達成すべき利益目標を設定するという仕組みを導入しました。個人の努力だけでなく、チームとしての成果も重要であることを認識できるようにしたのです。部門ごとに設定された目標をクリアすることで、社員が自分の成果だけでなく、チームの一員としても評価されるようになります。これにより、個人の報酬目標とともに協力の大切さも浸透し、社内の一体感が生まれました。

さらに、「休暇日数」についても社員の希望を取り入れました。定休日以外の休暇の取得についても、業績や利益目標を達成した場合に追加で取得可能になるようにしたのです。これにより、社員は給与や賞与だけでなく自らの生活や健康管理にも影響を及ぼす要素に目を向けるようになり、働き方に対する意識も変わっていきました。

このように社員が希望する昇給や賞与、旅行先や休暇についての目標を自ら設定し、その目標を達成すれば望む待遇が実現するという仕組みが確立されました。会社は、社員一人ひとりが自らの働きによって目標を達成する手助けをすることで、会社全体の業績向上にもつながる一体感を生み出しました。

この取り組みでは、社歴や年齢、部署、役職を超えて全社員が一堂に会し、半日かけて損益計算書づくりに取り組むのも特徴の一つです。これにより、普段の業務では接点が少ないメンバー同士が協力し、互いに学び合いながら財務の目標設定を行います。このような場を設けることで、社員全員に「会社をつくっているのは自分たち」という意識が醸成され、仕事に対する姿勢が大きく変わっていきました。

この取り組みがもたらした効果は非常に大きく、社員のモチベーション向上という当初の目的に加えて7つの重要な効果が現れました。まず、社員が主体的に目標設定に参加することで会社の方針が明確になり、一体感が強まりました。また、自ら設定した目標を達成することで達成感を味わうことができ、結果的に社員の定着率向上にもつながりました。そして、社員が実感を持って働くことが会社の業績にも貢献し、持続的な成長を実現する基盤となったのです。

このように、企業の経営指標を活用しながら社員の主体性を引き出し、会社と個人の目標を一致させることで、社員と企業が互いに高め合う環境を築くことができました。

社員とともに活用する損益計算書の効果

【効果①】社員に経営マインドが生まれる

「損益計算書」づくりは、社員に「経営マインド」を萌芽させる機会になっています。中小企業の経営者のなかには、自分たちの会社が毎年どのくらいの売上を上げ、何にどれだけのコストがかかっているのか、そして、最終的にどのくらいの利益を生み出しているのか、そんなことすら知らずに経営をしている人も少なくありません。こうしたどんぶり勘定の経営では、会社として何が課題なのかも見えません。

かくいう私も、社長を引き継いだ頃は、損益計算書の知識がありませんでした。当時の私は経営者失格だったと思います。なぜなら、会社の業績が分からないということは、会社が儲かっているのか、赤字なのかも分かりませんし、仮に赤字だった場合に、業績を回復させるためには、どこが課題なのかも把握できません。そうなると、課題を解決するためにどういう対策を講じるべきなのか、その方向性を打ち出すこともできないのです。

もし、私が「損益計算書」を理解できるようになったとしても、事業を推進していくためには、経営者一人で行えることは限られます。しかも、私は引き継ぐまでは経営のスキルなどなく、たたき上げで営業や技術をやってきたわけでもありません。従業員の力を借りなければ、従来以上の収益を上げることはできなかったのです。

ですから、経営者が毎年の事業（予算）計画を立てる際に活用している「損益計算書」と同じような仕組みの決算書を社員もつくることができれば、経営者と同じ視点・視座を持って、会社が利益を生み出す仕組みをとらえることができるようになります。

最初は「損益計算書」の仕組みを理解できなくても、毎年1回でも3年、5年と続けて繰り返し行うなかで、次第に分かるようになってきます。それも毎月工場別損益計算書を掲示しますので、自然と仕事に対する意識や姿勢も変わってきます。

例えば営業の場合、工場全体の利益を意識しながら、より高額な受注をねらって積極的にアプローチして戦略的に動くようになります。整備スタッフだと、どのように作業を進めれば、整備や点検をスムーズにこなせるか考えるようになってきます。

さらには、毎月「損益計算書」を目にすることで、数字の相場観も磨かれていきます。空き時間が生まれないように考えて仕事を行う癖がついてきます。これもすべて、売上や利益をどうしたら伸ばせるのかムダな作業をどうしたら減らせるのかを考えて、仕事をするようになった結果です。これまで個人にしか蓄積されていなかったノウハウを、経験の浅い若手にも共有して早い段階から仕事が回せるようになります。

もう一つ大きいのは、経営者と社員との意識の差です。経営者にとっては自分の会社であり、社員を雇用する立場でもあるため、経営資源、利益、会社の将来、時には社員の生活など、会社のことを考え続けています。業績が厳しいときには、いかにして会社を黒字化できるか、利益を出し続ける企業に改善できるかを、オンオフ関係なく考えて、施策にも取り組んでいます。

通常であれば社員が経営者と同じ立ち位置に立って仕事をするのは難しいことです。それはどこまでいっても立場が異なるため、そういう思いには到達できません。その異なる位置においても、社員が少しでも経営者の感覚に近づけるように、企業が経営を行ううえで大事になっている「経常利益」を社員の視点で考えてもらうようにしました。

この目標を考えるときには一人ではなく、同じ工場に在籍するメンバー同士でチームになって行います。整備スタッフもいれば、営業もいます。あらゆる職種や立場の人たちとともに取り組むことで、整備部門だけ、営業部門だけという「部分最適」での考えがなくなるようにします。この「損益計算書」づくりを通じて、社員全員が工場全体の利益を考える「全体最適」を優先するような行動ができるようになってきます。社員が「経営マインド」を意識できるように変化したのだと思います。

【効果②】過去は関係ない。これからの業績にだけ目を向ける

私たちの「損益計算書」づくりは、企業の過去の実績やこれまでの業績は一切関係ありません。ですので、赤字経営で苦しんでいる中小企業の経営者も、すぐに導入することができます。なぜなら、損益計算書が、会社の儲け（利益）を把握するためのツールだからです。現在から未来に向けての会社の経営状態や業績をつかむことに主眼が置かれているため、過去のことは一切触れずに取り組むことができます。まさに、これから業績回復を目指していきたい経営者が取り組むには最適なツールです。

ただし、一つ気をつけなければならない点があります。それは、経営者と社員との間に信頼できる関係性が構築できていない時期に、この損益計算書づくりとなる目標設定を社員にすべて任せていくのは、非常に大きなリスクを伴うということです。そもそも業績が芳しくない時期は、経営者と社員との関係がギクシャクしていることが多いです。資金繰りのまずさや、伸びない売上・利益などで社長は常にいら立ちを感じており、それを察し

ながら仕事をしている社員も同じように疲弊しています。そのような状況のなかで、すぐに結果が出るかどうか分からない「損益計算書」づくりという新たな施策を行うことは、経営者にとっては不安なはずです。そして、経営者に対して信頼をおいていない社員にとっても手間としか考えられないと思います。つまり、この「損益計算書」づくりと、経営者と社員の間の信頼関係の醸成を並行して行うことが必要です。

社員への感謝を伝える

社員が努力したことや頑張ったことを、表彰状と金一封という形で会社の代表である経営者として感謝の気持ちを伝えることで、信頼関係を構築する第一歩を築くことができます。

営業で目標を達成するなどの目に見える頑張りでなくてもかまいません。誰かの役に立った、ほかのスタッフのサポートを行ったなど、小さな貢献や成功をきちんと評価し、フィードバックを行うことが重要です。

会社の将来について語る

経営者の立場からすれば、社員には見せられない内容もあると思います。それを考慮すると、すべてをオープンにする必要はないですが、経営者として今何を考え、会社をどうしていきたいのか、月例会議や朝礼を利用して伝えていきます。

コミュニケーションの場を提供

飲み会や懇親会を行い、距離が離れていても、触れ合える場を設けます。私も必ず参加し、席順は私も含めてくじ引きで決めます。社員も私も隣に誰が座るか分かりません。

長期的なビジョンを共有

経営者の発言に一貫性がなかったり、言うだけで実行が伴っていなかったりと、会社の方針がよく分からないままだと、社員は将来性に不安を持ってしまいます。会社の長期的なビジョンを社員に伝えて、それに向かって進んでいることを実感してもらうことが、会社ならびに経営者への信頼性を高めることにつながります。社員は会社にとって大事な存在です。「この会社で長く働くことで、給与も上がり、個人としても成長できる」と思えるような将来的ビジョンを示し、具体的な方針を共有することが、信頼関係の土台になってきます。

このような取り組みを実践しながら、並行して損益計算書を導入していくのです。そうなれば、経営者と社員の間でWin-Winの関係性を構築できるようになります。「Win-Win」の関係とは、双方が互いに利益を享受できるバランスの取れた状態のことを指します。そこにたどり着くまでには、モチベーション向上につながる、社員の意識改革も重要な取り組みになってきます。社員の小さなモチベーション改革が必要です。資格を取得すれば報奨金を支給したり、数字に表れない頑張りをしている社員は全社員の前で表彰を行ったりすることも取り組みの一つです。「ありがとうカード」を通じて、社内のコミュニケーションの活性化や、やる気の醸成につなげます。

【効果③】自発的に動けるようになる

経営の意思決定には大きくわけて2種類のスタイルがあります。「トップダウン」と「ボトムアップ」です。前者は、「上意下達」といわれるように、経営陣が意思決定を行って、方針などを決め、社員などのメンバーに対して指示を出して組織を動かすスタイルです。後者は「下意上達」といわれ、メンバーから意見を吸い上げて、その意見をもとに経営者が方針を決めていきます。現場の状況を把握して、現場に寄り添った経営を行うのがこのスタイルです。

私たちの会社では、社員に対して「来期の目標はこれで頑張ってくれ」と言うような一方的な目標の決め方をしていません。あくまで「ボトムアップ」のスタイルで行っています。「損益計算書」づくりにおいて、社員が目標として決めた売上高や経常利益については、社長は一切口を挟むことはありません。社員同士でディスカッションをして、最終的に社員だけで決めてもらいます。そのため、社員が納得した数字が目標になります。それを基に実行していくので、社長が何も言わなくても、社員はその決めた数字に対して責任を持って、行動するようになってきます。

これは「トップダウン」のように、社員の意思を反映しない会社が決めた指示でもなければ、会社の利益だけを一方的に押し付けるマネジメントでもありません。そのようなやり方をしていては、社員に納得感があれば別ですが、ほとんどの場合、社員の意思の確認もなく、共感を得られぬまま決まるので、考えは平行線のままになってしまい、経営者と社員が同じ目線を持つことができません。これは会社を主語にして、社員に指示・命令を出していることも要因の一つだと思います。会社を主語にするのではなく、社員を主語にして、物事を決めていくことが、社員のモチベーションを高めるうえでは大事になってきます。

どんな綺麗事をいっても、人は自分や自分の家族のためにしか動きません。だからこそ社員に対して、「会社の売上や利益をもっと上げましょう……」と経営者が朝礼などでいくら発信しても、それはあくまでも会社にとって大事なことであって、社員にとっては優先順位が低い項目です。本来は、職場がなくなることにもつながりかねないことではありますが、もし本当に会社がなくなってしまったら転職すればいいという認識しかありません。だから社員は、経営者あるいは会社からの一方的な要望には耳を貸さないのです。しかし、私たちが取り組んでいる「ボトムアップ」スタイルの「損益計算書」なら、自分たちの実現したい基本給アップや賞与アップ、行きたい社員旅行、休日休暇を叶えることができます。

結果として、仕事に対しても、上司からの指示を待つのではなく、売上や利益を上げるように、自分たちで考えて取り組むようになります。課題が出たら、自分たちでそれを解決するための施策を考え、実行していきます。

例えば、営業なら粗利益を意識しながら取引先と交渉を行いますし、整備スタッフの場合は、これまで受けるのを嫌がっていた短納期案件や難度の高い案件も、売上・利益につながるなら残業や休日出勤もいとわないで受けるようになります。一人では納期までに終わらない案件だと判断した場合は、ほかの整備スタッフと連携して取り組むようにもなります。

このように案件が増えてくると、全員が忙しくなってくるので、以前のように、仕事を面倒に思う人が出てきてもおかしくありませんが、どの工場においても声を掛け合って、積極的に仕事に取り組みます。こうして自分たちで目標を立てることで、社員自身がそれを達成するために、どんな仕事においても「自分事化」して考えられるようになり、自律的に動く組織が出来上がります。

【効果④】社員全員が目標達成を目指す、一体感のあるチームになれる

どの業界にも当てはまりますが、同じ組織にいても、各部署・役割で重視している目標や価値観が異なるため、対立や抵抗が起こりやすくなります。「セクショナリズム」といわれるものです。例えば、営業部とその後方支援を行うバックヤードは、基本的にうまく連携がとれておらず、仲が良くないことが一般的です。営業は売上を伸ばすためにさまざまな案件を受注しようとしますが、大きな負担を強いられるのはバックヤードのスタッフです。それにもかかわらず、売上目標を達成して評価されるのは営業だけで、それを支えているバックヤードの人たちはいっこうに評価されません。大変な思いをしているにもか

かわらず、報われないために、仕事への意欲をなくしてしまう人が多いのです。

何も手を打たなければ、同じ会社にいても仕事に対する温度感が異なるため、一緒に働きたいと思える雰囲気にはならず、一体感も得られません。こういう職場に共通する3つの要素があります。

有用感が得られない

「誰の役に立っているのか」「仕事が単調でルーチンワーク化して、自分以外がやっても変わらない」など、他者から必要とされていない感覚で仕事をしていることが挙げられます。「頑張っても評価が変わらない」と自分の存在価値が感じられず、一体感が得られないのも有用感のなさにつながっています。一緒に働く人からの評価も含めてフィードバックが得られない環境だと、自分に対して自信や満足感がなくなることにもなり、一人落ち込むことにもつながりかねません。また、自分が「スキルアップしている」「成長している」という感覚がないと、仕事自体が無意味に思えるため、キャリアとしての成長も大事な要素になってきます。

自己効力感が得られない

自己効力感とは「これならできる」「うまく乗り越えられる」という感覚を認知していることです。この「自己効力感」があれば、自分の能力やスキルを信じて、目標を達成できるという自信が持てるので、新たなタスクに関しても積極的に取り組めるマインドセットを保つことができます。反対に自己効力感がないと自ら主体的に行動できなくなり、不平・不満など否定的な発言が目立つようになり、自己評価も低くなります。過去に大きな失敗を経験していると、困難や失敗、プレッシャーに対してもおじけづいてしまい、誰かに働きかけて、協力しながら何かをすることも避けてしまう傾向があります。これでは、一体感を醸成できません。

自己決定感が持ちにくい

自己決定感とは「自分が選んだ」という感覚を持つことです。上司に言われるままに業務をこなすのではなく、自らの判断で行動し、主体的に仕事を進めることが重要です。これにより、目標や役割に対する責任感が高まり、自己効力感にもつながります。さらに、目標達成のために周囲と積極的に協力する姿勢も生まれます。

反対に、自己決定感が不足すると、業務は受け身の姿勢で進めるだけのものとなりがちです。このような状況では、裁量が少なく、定められた手順に従うルーチンワークが中心になります。その結果、自分の創意やアイデアを活かす場面が限られ、自らの意思よりも周囲の要求に合わせて行動することが増えてしまいます。

損益計算書づくりを通じて、社員一人ひとりが「有用感」「自己効力感」「自己決定感」を醸成することができます。それによって、モチベーションの向上はもちろん、組織としての一体感も得られます。「有用感」については、自分たちで目標を設定して、実行することで、評価を得ることができます。それによって、周りから必要とされていることが実感できるだけでなく、組織やチームへの貢献度も感じられます。特に私たちが保有している4つの各工場では5~20人の社員が働いていますが少人数なので、一人ひとりの影響度が大きく、有用感が得られやすいです。

また、周囲から頑張りを評価されることも大事になってきますが、私たちの会社では、定期的に自分へのフィードバックも得られます。

「自己効力感」については、周りにベテラン社員が多くいるので、似たような成功モデルを身近に得ることができます。それに、損益計算書づくりを中心としたボトムアップモデルの環境ゆえに、小さな成功体験を得ることができるので、社員一人ひとりの自己効力感を養うことができます。

「自己決定感」についても、同様です。自分たちで目標を決めていくことができる環境があるので、そこでこの自己決定感を得ることができます。しかも、自分たち社員が決めたことに対して、社長からも口を挟まれることがなく、達成するためにどのような施策を行えばいいのか、主体的に考えることができます。

このように損益計算書づくりを通じて、部署だけでなく組織として一体感がつくれるようになってきます。

私の会社では4つの工場ともに、垣根なく、分からないことを相談し合えるオープンコミュニケーションのカルチャーがあります。誰もが気軽に相談できる雰囲気が醸成され、困難な課題にもチーム全体で解決策を見つけることができます。こうしたコミュニケーションが活発になることで、社員はお互いの意見や努力を尊重し合い、強い一体感が生まれます。

また、メンバーには一定の裁量が与えられており、自分のやり方で仕事を進める自由を認めることで、自己決定感が高まり、モチベーションが向上します。自主性を尊重することで、メンバー間の信頼も強まります。整備スタッフなら、各スタッフがどういう資格を持っているかや、それぞれの得意分野、興味などを共有しており、案件が入ってきたときに、得意・興味に合わせて任せていくようなスタイルをとっています。その結果、各メンバーが自分の強みを最大限に発揮できるようになり、チーム全体の成果も向上していきます。メンバー同士が「自分に任されている」と感じることで、組織全体の一体感も強化されていきます。

【効果⑤】資格を取得し、キャリアを磨く社員が増え、新規顧客も拡大

最近、多くの企業が資格取得支援制度を導入し、業務に直結する資格の取得費用や講習費を会社が負担しています。こうした支援は、会社が強制しない限り活用されにくいのが

現状です。しかし、私たちは違います。経常利益の目標を達成するために、自分たちに必要なスキルや知識を自発的に考え、資格取得に挑戦しています。例えば、損益計算書の作成からスタートし、利益目標達成が個々のキャリア形成にもつながるよう取り組んでいます。このような姿勢が私たちの成長を支えています。

例えば、整備スタッフであれば、保有している資格を増やすことで、整備やメンテナンスができる特殊自動車の種類やメーカーのバリエーションを増やすことにつながり、ひいては自社の整備工場における対応力の拡大にもなっています。ベテランの整備スタッフになると、遠方のクライアントから整備を依頼されることも少なくありません。身近にこうした熟練の整備スタッフが第一線で活躍しているのを見ることで、資格を取得することが当たり前の風土になっているのが私たちの環境です。

実際50代という定年間近のベテランの整備スタッフも、資格取得にチャレンジしています。また毎月、今月は誰がどの資格を取得したのかお祝いをして、全社員に告知し、全社を挙げて資格取得を目指すような環境も整備しています。新たに入社してくる整備未経験の社員も、先輩たちに交じって積極的に技術を磨き、失敗を恐れずに新たな経験を積むことが日常的に行われています。

成長意欲の高い社員が多くなってくることで、この熱量が社外にも伝播《でんぱ》してきているようです。以前に比べて、整備スタッフの技術力への評価も上がってきています。そして、お客様に対応するサービスも高い評価を得ており、東北エリアでの特殊車両や除雪機械の点検・メンテナンスにおいて、「あなたの会社に依頼したい」「あなたの会社に頼めばなんとかなるだろう」という依頼が増えてきています。

例えば、これまで付き合いのなかったお客様やメーカーからも、この仕事をやってくれないかといった依頼が増えてきています。

これは、社員たちが経常利益の目標達成を目指すことが契機になっていますが、高いモチベーションを維持している証しです。私たちの工場は、アクセスの良い都心にあるのではなく、交通利便性がいいとはいい難い、少し辺鄙《へんぴ》な場所にあります。それでもコンスタントに依頼があり、かつ新たな顧客も拡大しているのは、社員一人ひとりのモチベーション向上の賜物です。

【効果⑥】内発的動機づけも生み出し、長期的にモチベーションが維持できる

会社のニーズと個人のニーズを一致させることで、社員が自律的に行動し、より高いモチベーションを得られるようになります。私の立案した「損益計算書」では、社員は経常利益の目標を設定し、達成することで昇給や賞与、休暇などの具体的な報酬を得ることができます。人はこうした「目に見える報酬」によってモチベーションを高めやすく、積極的に行動するようになります。

しかし、「目に見える報酬」に頼りすぎると、報酬がなくなった際に動機づけを維持するのが難しくなるという課題も存在します。そこで、報酬を通じて業務に取り組む経験を積む中で、成果の実感や新たな挑戦から生まれる自己成長の喜びを得ることが重要です。こうした成長や充実感は、見えない報酬としての「やりがい」につながり、「内発的動機づけ」と呼ばれる、社員の内面的な意欲を引き出す状態を生み出します。

「内発的動機づけ」は、自らの興味や意欲によって仕事に積極的に取り組むことを促しま

す。称賛や報酬といった外部から与えられる「外発的動機づけ」は短期的な効果をもたらしますが、持続力に欠けることが多いです。一方、「内発的動機づけ」は長期的な効果を持ち、業績の安定と成長を促進します。損益計算書の作成を通じて社員が自ら目標を考え、行動することで、長期的なモチベーション向上につながるのは、この内発的動機への転換があるからです。

【効果⑦】業績のV字回復後、40年以上黒字経営を維持！長期にわたり業績向上

5～6年前から始めた「損益計算書」づくりを通じて目指した社員のモチベーション向上によって、経営者（会社）と社員はWin-Winの関係をさらに強化できるようになりました。なぜなら、社員は「見える報酬」と「見えない報酬」を手に入れることができ、会社は大きな業績向上を実現できたからです。このようにして、損益計算書づくりにおいては、経営者と社員の両者にメリットになることが生まれました。

当初は、月例の研修や経営計画書の作成、誕生会、表彰状および金一封、ありがとうカー

ドの交換などの取り組みによって会社は黒字体質に変わっていきました。実際業績が回復するまでには7〜8年かかりましたが、その後今日に至るまで40年以上、ほぼ毎年黒字経営を続けています。

つまり損益計算書の作成はモチベーションを大きく向上させますが、今やっている月例会議のやり方でもそれなりの効果があるのです。

社員のモチベーションを向上させる取り組みを行うことが、いかに利益向上に必要なのかが分かってもらえると思います。

その際、社員の誰かに任せるのではなく、経営者が率先して、社員がモチベーション高く仕事に取り組める場づくりを企画して、実行することが大切です。その理由は、会社の方向性を決定する大事な内容であり、企業のカルチャーを形成するリーダーである経営者が考え取り組むことで、自社のカルチャー基盤を築くことにもつながるからです。

加えて、モチベーションの高い社員は、組織の生産性を高めるだけでなく、顧客満足度の向上にも寄与します。つまり、自社の業績向上に直接影響するため、経営者の最も大切な仕事になります。

また社員に任せてしまうと、普段の業務に追われて後回しになってしまう恐れもあります。自社としても今後の業績に関わってくるため、優先順位の高い取り組みです。

損益計算書を効果的に活用するためには、ただ社員に見せるだけでは不十分です。損益計算書を社員のモチベーション向上と会社のV字回復につなげるためには、社員がその内容を深く理解し、自らの業務にどう結びつくのかを明確に感じ取る必要があります。そのために、社員たちで損益計算書を作成することが必要なのです。

第3章

会社のV字回復を実現する損益計算書活用のポイント

社員による損益計算書の作り方

「どのようにすれば、社員たちだけで損益計算書をつくっていけるのか」

これは私の会社の盛岡工場で実際に作った、2024年の損益計算書を使うと分かるはずです。同じ手順に沿っていけば、知識がなくても、誰もが簡単に損益計算書をつくることができると思います。

最初に設定するのは「経常利益目標」です。通常であれば、最初は売上目標から算出するのがセオリーになりますが、私たちの手順は異なります。なぜなら社員は自分たちが叶えたいと思っている項目をベースにして、この損益計算書を策定していくからです。

項目は「社員旅行費用」「基本給UP」「業績配当金」「休日休暇」の4つです。社員たちはチームに分かれてこの4項目の目標を検討し、必要な利益を算出していきます。この

1. 2024年度 目標経常利益の設定〔盛岡工場〕　　　経営計画資料1

※ 社員旅行費用(18人)　　1人 ____千円×　18　人　　[　　　](千円) ①

※ 基本給1万5000円アップ〔プラス法定福利〕(16人) [4,096](千円)　A　　(15.0カ月)

Aの金額の半分は会社負担(定期昇給なし)　A× 0.5　＝　　[2,048](千円) ②

※ 業績配当金1カ月 [4,390](千円) ×　1.5 カ月　＝　　[　　　](千円) ③

参考(夏0.4カ月、冬0.4カ月、期末0.2カ月)

※ 休日1日当たり粗利益　　[856](千円)　B

営業日1日の価値＝粗利益÷272日＝232,962÷272

希望休日増加数　〔　　〕日　　B×　1日　＝　　[　　　](千円) ④

合計 [　　　](千円) ⑤

※ 令和6年度 目標経常利益　＝⑤×3　＝　　[　　　](千円)

◎ 2024年6月　社員旅行の方角は「東南」(気仙沼泊)です。

とき注意したいのはどれも最大限を求めようとしないことです。目標の数字が高くなりすぎてしまうと、実行するのが難しくなってしまいます。そのため、どの項目にウエイトを置くのか、もしくはどのようにバランス良く設定するのか、など、社員同士でとことん話し合ってもらいます。

■社員旅行費用

社員旅行に関しては最初にチームで「行きたい場所」を決定します。最近の若い人たちはあまり社員旅行に行きたがらないという話をよく聞くのですが、なぜか私たちの会社では違います。部署の垣根を越えてコミュニケーションし、みんな楽しみながら企画を考えています。旅行を楽しみにしている社員が多く、毎回、満足度の高い社員旅行になっていると聞きます。

行き先は秋田県や青森県、山形県、岩手県などの東北エリアで、1泊2日の旅行がほとんどです。2024年は宮城県・気仙沼に決まり、盛岡工場に在籍する従業員数分（18人）で、費用は90万円になりました。

社員旅行費用
一人50千円×18人＝900千円①

■基本給アップ（ベースアップ）

基本給のベースをいくらにするかは、社員にとって最も関心の高い項目です。これまで3〜5％アップ（7000〜8000円程度）の目標に設定していたのですが、2022年から毎年1万5000円アップの高水準の目標に設定し直しました。今までの2倍にもなるベースアップです。私がそう決断した理由は3つあります。

1つ目は、ここ最近の物価高です。従来の7000〜8000円ほどの昇給では社員は生活していけないと考え、生活費の安定のために思い切って引き上げることにしました。

2つ目は、働き方改革の一環としてより良い職場環境を整えるためです。昇給は働きやすさや社員の満足度に大きな影響を与えます。昇給が適切に行われる職場は、社員自身も正当に評価を受けていると感じるため、士気も高まります。

3つ目は、新卒・中途の会社採用対策です。大手企業と比較すると私の会社の賃金は低いため、ここ数年のうちに肩を並べられるくらいには引き上げていきたいと思っています。大手企業を検討している人たちに、私の会社も魅力的な環境だとアピールできれば、優秀な人材を集めやすくなります。

ここでの計算式は、目標として設定したベースアップの1万5000円に社会保険料などの法定福利厚生費を加えて算出すると、社員16人（残り2人は嘱託）で、4096千円になります。ただし、全額を社員が目標数字として持つには負担が大きいので、半分の2048千円は会社が負担するようにしました。それが次の数字です。

基本給アップ（1万5000円〈15カ月分〉に法定福利厚生費を加える／16人）

4096千円……A

Aの金額の半分は会社負担

A×0・5＝2048千円②

■業績配当金

業績配当金とは、賞与に加算する配当金のことです。給与以外にまとまった収入が得られることで、家計に余裕が生まれ、住宅ローンや自動車購入、教育費など、大きな支出にも充てられることから、安定した生活が送れます。そのため、社員の中でも関心度の高い項目になります。

私の会社の賞与のベース支給額は「給与３カ月分」です。社員が決める業績配当金は、この賞与３カ月に追加して支給される「プラスα」の金額となります。

一般的な中小企業の賞与は平均給与１～２カ月分または一切なし、というところが多い中で、３カ月分は、手厚いほうだと思います。しかもさらに上乗せができるシステムがあることにより、社員たちのモチベーション維持につながりました。

ちなみに業績配当金は会社全体ではなく、工場ごとに設定することができます。つまり、工場によって賞与額が変わってくることを意味しています。２０２４年度の業績配当金１カ月分は４３９０千円で、盛岡工場は、１・５カ月分を目標として設定し、合計４・５カ月分になりました。

業績配当金
4390千円×1・5カ月＝6585千円③

■休日休暇（休日1日当たりの粗利益）

私の会社の定休日は、他社と比べてもまだ少ないために導入した項目です。有給休暇と定休日以外に欲しい休日を設定できるようになっています。計算方法は1日当たりの粗利益に休日数を掛けるのですが、この数字は、各工場の年間の粗利益を年間の就業日数で割れば導き出すことができます。盛岡工場の場合、1日の粗利益は856千円なので、それに希望の休日増加数を掛ければ算出できるというわけです。

この休日休暇は、業績配当金や基本給アップと比べると「欲しい」「いらない」の個人差が大きい項目であるため、最終的に全員で確定する場合には、だいたい少なめになります。休日を多く求める社員には有給休暇で調整してもらい、その分は基本給アップや業績配当金に高いウエイトを置くという傾向にあります。今回、希望する休日休暇はプラス1日でした。

休日1日当たりの粗利益　856千円……B
希望休日増加数　B×1日＝856千円④

以上の設定が終わると、損益計算書の①〜④を埋めることができます。合計の金額は10389千円⑤となり、この10389千円が、社員が希望する目標金額となりました。

社員が作成した数字の3倍が経常利益目標に

会社が目標とする経常利益は、社員の4項目だけではありません。本来、経常利益は本業以外の利益も加えた数字です。会社にとっては社員の利益だけでなく、会社に必要な利益や税金も含まれるため、私たちの損益計算書においても社員が望む利益に加えて「会社の利益」と「税金」をそれぞれ3分の1ずつ付加して割り出します。つまり、社員が掲げる利益目標の3倍が、経常利益目標となるわけです。

そもそも会社（経営者）と社員とのWin-Winの関係構築のために、この損益計算書づくりはスタートしています。経営者は企業の成長や利益の拡大を求め、社員は成長のなかで個人のキャリアアップや生活の向上を図っていくという、相互利益が成立する関係のことです。

つまり、利益の取り分を社員と会社で等分して、残りを税金に充てるというのは相互利益（損失）という考えにも合致しており、社員にとっても非常に納得感がある、シンプルで、分かりやすい目標設定だと思います。

この考え方のもと、盛岡工場の2024年経常利益の目標は31167千円になりました。

2024年　目標経常利益＝⑤×3＝31167千円❶

損益計算書を基に、売上目標を立てる

私たちの損益計算書づくりは、通常とは反対の手順になるため、次に行うのは営業利益の算出になります。経常利益から営業利益を割り出していくためには、通常は次のような式になります。

営業利益＝経常利益－営業外収益＋営業外費用

しかし本書の損益計算書では、次のような計算式になります。

営業利益＝目標経常利益－営業外収支

このときの営業外収支とは、営業外収益と営業外費用との差のことです。本来の営業活動によって発生する収益や費用には該当しない数字のことであり、❶の目標経常利益から営業外収支を引いたものになります。これが営業外収支600千円を引いた数値になり、30567千円が算出されます。

営業利益＝目標経常利益－営業外収支＝31167千円－600千円＝30567千円❷

次は粗利益です。粗利益とは、企業が商品やサービスを提供する際に得る売上高から、それを生産・製造するために必要な人件費や原材料費などの直接的な費用を差し引いた金額のことです。私たちの粗利益は、次のように算出します。

粗利益＝（人件費＋地代家賃＋経費＋営業利益）÷0・85＝279490千円❸

人件費＋地代家賃＋経費の数字は、最新の実績（2024年の場合は、22年10月から23年9月まで）を反映しています。具体的な数字は社員では分からないため、会社側であらかじめ用意して計算書に入力します。

最後は本社費です。私の会社ではこの数字を粗利益の15%と設定しています。

本社費＝粗利益×0・15＝41924千円❹

2024年度の売上目標は、今年度の粗利益÷前年度の（粗利益÷売上）により算出できます。

売上＝279490÷（232962÷478501）＝574069千円❺

さらに仕入は、売上から粗利益を引いた費用になるため、次のように計算します。

仕入＝売上－粗利益＝574069－279490＝294579千円❻

1．損益計算書の仕組み 【盛岡工場】

経営計画資料1

			2022.10～2023.09		2024年度目標	
	売　上		478,501			❺
△	仕　入	△	245,539			❻
	粗利益		232,962			❸
△	人件費	△	78,878	＋	90,600	
△	地代家賃	△	38,400	＋	38,400	
△	経　費	△	74,475	＋	78,000	
△	本社費	△	34,944			❹
	営業利益		6,265			❷
＋	営業外収支	＋	600	△	600	
	経常利益		6,865			❶
			（千円）		（千円）	

粗利益＝（人件費＋地代家賃＋経費＋営業利益）÷0.85
本社費＝粗利益×0.15
売　上＝粗利益÷（粗利益232,962÷売上478,501）
△　＝マイナス

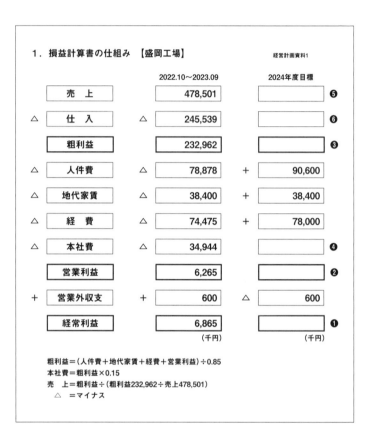

ここまでの作業で、必要な数字をすべて入力することができました。内容も計算も決して難しいものではなく、ちゃんと順を追っていけば、社員だけでも損益計算書を簡単につくれます。

経営陣の経費等は本社費にする

経営陣の本社費は各部内の実力である粗利益にパーセンテージを掛けた金額にします。私の会社では15％を掛けて出します。各部内の本社費の総額で経営陣の経費をまかなえるようにパーセンテージを設定します。粗利益は目標値なので目標を達成できなくても経費をまかなえるよう余裕をもって設定します。

中小企業において経費管理や人件費の取り扱いは、慎重を要する課題です。従業員数が少ない企業では、従来の損益計算書の形式をそのまま使うと、各従業員の給与や役員の経費が容易に推測される可能性があるため、従業員のプライバシーを保護しつつ、会社の財務状況に関する透明性を維持することが重要です。このため、私の会社では経営陣や役員の経費を「本社費」という一項目にまとめる方法を採用しています。

会社として透明性を保ちながらも、本社費という経費項目を使用することで、従業員との信頼関係を守り、全体として強固な組織運営が可能となるのです。

本社費への経費集約は、経営コンサルタントからもアドバイスを受けて導入した方法であり、情報開示と機密保持を両立できる有効な手段です。

社員自らが目標を立て、社長は目標に対して口出ししない

社員自らが目標を立て、経営者である私がその目標に対して干渉しない――このシンプルな方針こそが、社員たちの意欲や責任感を高め、組織全体の活力を生み出しています。

企業が目指すべきものは、社員が主体的に行動できる環境を整え、個人のやる気やアイデアを最大限に発揮できる場を提供することです。社員がせっかく考え出したアイデアや

行動に対して、「それはダメだ」と経営者が否定的な言葉を発してしまうということはよくある話ですが、こういった考えの経営者は、似たような管理者を置くことがあり、社員のモチベーションは上がることなく、主体性を欠き組織全体の力が失われていきます。社員同士で意見を出し合い、長い時間をかけて熟考し、ようやく決定した目標や計画が、経営者のたった一言で無駄になってしまったら、社員がどう感じるかは明白です。

私は、自分の会社は社員が納得して仕事に打ち込める場にしたいと考えてきました。そこで、「損益計算書づくり」を通して、社員自身が目標を立て、その達成に向けて自ら考え行動できるように環境を整えることにしました。具体的には、目標を定める段階から社員に任せるのです。社員たちは常に高い目標を掲げることが多く、そうなると、経営者である私が「もっとこうしたほうがいい」と口を挟む余地など、もはやありません。たとえ社員が比較的低い目標を設定したとしても、それに対して否定的な意見は述べません。なぜなら、目標はあくまで「自主性」に基づいて立てられるべきだと信じているからです。

このようにして、自分たちの目標を達成しようと社員が一丸となり知恵を絞り出し、互いに支え合いながら工夫を重ねていくと、一人ひとりが自律的に行動するようになります。

その結果、仕事に対する姿勢が変わり、目に見えて意識も向上していくのです。

社員が自主性を発揮し、成長していくための損益計算書づくりは、私にとって彼らへの「投資」です。彼らが努力を重ねて達成した成果は、必ず会社全体に還元され、組織としても成長を遂げます。社員に投資することで、彼らはその信頼に応え、自身の成長を遂げていきます。その結果、投資以上のリターンとして、会社には大きな利益がもたらされるのです。

「ワイガヤ」で話し合う大切さ

損益計算書は工場単位に作成しますが、最初に社員が決める「社員旅行先」「業績配当金」「基本給のベースアップ」「休日休暇」の目標を考えるときには、1チーム5～10人程度に分かれて行います。なぜ、こんな少人数で行うのかというと、それは社員一人ひとりの声が反映された損益計算書づくりにこだわっているからです。

1チームの人数がこれ以上多くなってしまうと、経験豊富なベテラン社員や、声の大きな社員の意見だけが反映されてしまい、全員が納得できるような目標数字を定めることが難しくなります。これくらいの人数だと、若手社員やいつもおとなしい社員も、自分の意見が批判されることを恐れずに、安心して議論に参加できます。また、自分の考えや叶えたい希望などの自己表現がしやすくなるため、提案はもちろん問題提起も行えます。損益計算書づくりでは、チーム全員での「ワイガヤ」（ワイワイガヤガヤの略）の時間をとても大切にしています。

「社員旅行は〇〇へ行きたい」「業績配当金は△カ月分欲しい」「休みは〇日増やしたい」など、みんなで意見を出し合います。それがたとえほかの人と違っていても構いません。周りの声や顔色を気にすることなく、自分の考えを発信することが大切です。

そうはいっても、初めて参加する新人社員は、どうすればよいのか分からず、戸惑っているのが分かります。「基本給のベースアップや業績配当金はもらえるのならできる限り高くしたいし、旅行先についても海外へ行きたい」という希望はあるものの、目標が高くなれば達成は難しくなってしまうというジレンマです。

実際の損益計算書づくりではチームの先輩たちも「どう思う？」「どのぐらい欲しい？」と必ず若い人たちやキャリアの浅い社員には声をかけて、意見を聞いてくれます。その機会を利用して、新人たちは自分の希望を口にします。チームとしては当然、目標とする経常利益を一つに絞って出さなければならず、その過程において「高すぎる」などの反対意見が出て、新人の声が反映されないかもしれません。しかし大切なのは、そういうことを経験しながらも、自分の希望を通すには、どれだけの売上を上げなければいけないのか、などを実体験を通じてつかんでいくことなのです。

年齢や社歴に関係なく、ワイワイガヤガヤと社員同士でやりたいことや実現したいことを自由に話し合う場があると、お互いの理解を深める機会にもなります。営業、整備スタッフ、事務職が連携し合う機会が増えているとはいえ、就業時間全体でみれば、ごく限られた時間でしかなく、飲み会などのイベントも、他工場の社員との交流の場になっているため、同じ工場内の社員同士が話し合う場は、それほど多くはありません。しかし収入や休みなど社員たちが本来望むものについて語り合うと本音も出てきやすいので、普段は目にしない性格や大切にしている価値観に触れることにもつながり、よりお互いのことを知ることができます。自由なディスカッションを通じてポジションや役職を超え、対話をすることによって絆を深め、仕事でもコミュニケーションが円滑になって、全体的にも連携しやすい体制になります。

ちなみにチームに分かれて損益計算書を作成したあとは、工場別に目標経常利益や目標売上をまとめるプロセスに入るため、今度は同じ工場の他チーム同士での話し合いに移行します。例えば業績配当金で比較したときに、Aチームは1・0カ月、Bチームは2・0カ月、Cチームは1・5カ月と意見が分かれた場合、最終的に工場としてはいくらに設定するのか、叶えたい目標数字と達成度合いとのバランスを見極めて、決定しなければいけません。

成長の原動力“Try & Learn”の文化を醸成する

企業の成長を持続させるためには、社員が積極的に挑戦し、新たな知識や経験を積み重ねていく環境をつくることも重要です。このような“Try & Learn”の文化は、社員が積極的に行動し、そこから学ぶことを促進します。挑戦を通じて学び、成長するサイクルを企業文化として定着させることが、組織全体の進化を支える原動力となります。

挑戦できる環境を整えるためには、経営陣が率先して“Try & Learn”を体現することが重要です。トップが挑戦する姿を見せることで、社員も安心して新しいことに挑むようになります。例えば、私は経営の舵取りにおいても新たな戦略を試み、その成果や改善点を社員に説明しました。結果として、社員たちも資格取得など自分たちの挑戦をするようになったのです。

また、挑戦と学びの文化を根付かせるためには、成果を評価する基準も見直す必要があります。結果のみにフォーカスするのではなく、過程を重視し、プロセスの中での成長を表彰式で評価する仕組みが求められます。このような取り組みにより、社員は挑戦することに前向きになり、組織全体の創造力と柔軟性が向上します。結果として、新しいアイデアや改善が生まれ、企業の競争力が強化されるのです。

“Try & Learn”の精神が根付いた組織は、変化の激しいビジネス環境においても柔軟に対応し、持続的な成長を実現することができます。挑戦を奨励し、その中から得た経験を共有する風土は、社員一人ひとりの成長を促し、企業全体の底力を高めるカギとなるのです。

損益計算書は毎月、公開する

作成した損益計算書は毎月、社員全員に公開しているのですが、これには大きな利点があります。それはほかの工場の損益計算書も同時に見ることができることです。みんな、ほかの工場と比べて、自分たちの工場の売上・利益はどうなのか比較しているということです。言葉にこそしませんが、ほかの工場に負けないように取り組んでいる社員が多く、お互いが学び合う仲間であり、ライバル的関係でもあるわけです。「あの工場には負けたくない」「次の月こそ勝てるようにしたい」など、目標達成に向けて競争し合うことで、新しいアイデアを導入したり、自己改善に努めたりしています。

例えば、売上や利益を向上させていくためには、整備やメンテナンスなど今まで以上の量をこなす必要が出てきます。実現させるためにはいかにリソースを活用し、生産性を上げていくかを考えなければなりません。必然的に、業務プロセスの効率化、経験の浅い人や技術力の低い人でも一定の質を保てるように作業の内容を見直すなどの創意工夫を行うようになり、これらを積み重ねていくことによって、工場全体のレベルも上がり、顧客に対してより良いサービスを提供することができて、目標を達成することができるのです。

経費削減は取り入れずに、利益向上にフォーカスする

損益計算書は、いかにして利益を生み出すかを追求するために作成された、企業の財務状況を示す報告書です。経営的な観点からいうと、利益を生み出すには「売上拡大」と「経費削減」の2つの方法があります。私はあえて「経費削減」を推進する取り組みを、社員に対して求めないことにしています。そんなことに神経を使うぐらいなら、いかにして売上を伸ばしながら、利益を上げられるのかという部分に全精力を集中していくべきだ、と思っているからです。

「経費削減」とは社員のモチベーションアップには決してつながらない、後ろ向きな考え方だと思っています。業務においてこの意識が優先されると、さまざまな制約を感じることになってしまい、売上拡大のために取り組もうとしていることに集中できなくなってしまいます。

また、損益計算書づくり以外に行っている、例えば社員同士でのありがとうカードの交換や社内イベント、頑張って資格を取得した社員に渡される金一封などの取り組みも、無駄なものだと思われてしまう可能性があります。なぜなら、会社がこれらの取り組みを行っていることで、売上にどのように直結しているのかを示すデータがないからです。

「経費削減」という名目で、社員のモチベーション向上につながるさまざまな施策がなくなってしまうと、私たちは、他社と変わらない普通の会社になってしまいます。社内から新たな変革を起こす力も失われ、以前のような業績に苦しむ企業に戻ってしまうかもしれません。やはり会社は社員の常にポジティブな思考を引き出せるよう、会社として新たな施策を積極的に取り入れていかないと、社員のモチベーションは上がってこないと思います。

広告費用が50万円かかったとしても、それ以上の経費がかかることはありません。広告を使うことで売上をこれまで以上に拡大できれば、50万円の何倍、何十倍もの粗利を稼ぐことができます。粗利額から比べてみると、広告費は微々たるものに過ぎないのです。限られた人数で、多岐にわたる業務を行っている社員を有効活用していくためには、経費削減と利益拡大のどちらにも注力すると、ただ力が分散されてしまうだけです。中小企業は、経営資源を最大限に活かすことこそが重要なのに、これでは経営資源を十分に活用しているといえません。

会社は社員にポジティブな影響をもたらす「利益拡大」へつながる施策に「集中」するべきです。コストを削減しなければならないというネガティブな意識ではなく、新たなターゲットをつかまえよう、といった攻めの姿勢を社員全員が持つことができるからです。

毎月の達成度合いに応じてインセンティブを支給する

多くの企業では、利益達成は年1回という頻度で評価します。事業年度の終了時に年次決算を行い、利益が出たかどうかを確定するからなのですが、年に1回の評価だけで社員のモチベーションを維持していくというのは非常に困難です。そこで、私たちが導入したのは、経常利益目標を達成すれば別に報奨金を支給するという仕組みです。こうすることにより、1年間に12回、給与のベースアップや、業績配当金とは別に臨時収入のチャンスができるので、社員は年間を通して高いモチベーションを維持したまま、仕事に取り組むことができます。

どのように目標を設定するのかというと、繁忙期・閑散期を考慮してその月を含む過去1年間のデータを基に損益計算書を作成します。これを年計損益計算書といいます。

毎月の経常利益目標を100％達成しなくても、達成度合いに応じて、金額は下げるものの報奨金を支給しています。具体的には60％以上の達成率に応じて次のようになります。

達成率60％…………一人1万8000円
達成率70％…………一人2万1000円
達成率80％…………一人2万4000円
達成率90％…………一人2万7000円
達成率100％…一人3万0000円

毎月の達成率に応じて、報奨金の支給があるので、安定したモチベーションを保ち続けることができます。個人の目標であれば、頑張る人とそうでない人が出てきてしまいますが、工場全体の目標として掲げているので、工場内での連携やコミュニケーションが密に行われ、協力やサポートを促進し、全員が目標に向かって取り組む環境がつくり出せています。

また毎月のインセンティブは、年度単位のボーナスなどに比べて短期的な目標達成に対する評価がしやすく、社員が成果を出すスピードが上がります。毎月の成果が報酬に直結するため、社員は目標に対してすぐにフィードバックを受け取ることができ、モチベーションの維持につながります。

この成果は毎月開示され、給与にプラスされます。80％達成の工場もあれば、60％にも届かない工場もあります。達成できなかった工場のスタッフは、達成したスタッフの喜ぶ姿を見て「来月こそは！」と励みにしますし、達成した工場のスタッフはそのときの達成感を原動力にして、来月も引き続き目標を達成できるようにチーム一丸となって励んでいます。社員は自然と毎月の数字を意識するようになるので、売上や利益に対する感度も高くなっていきます。

損益計算書づくりと予祝はセット

ちょっと変わった取り組みとして、私の会社では「予祝（前祝い）」ということも行っています。書籍『前祝いの法則―日本古来最強の引き寄せ　予祝のススメ』（ひすいこたろう・大嶋啓介著、フォレスト出版）などにも詳しく書かれていますが、未来の姿を先に喜び祝うことで、現実を引き寄せるという夢の叶え方です。昔は農耕儀礼の一つとして、この予祝がよく行われていたそうです。桜の季節に行う「お花見」は、春の「桜」を秋の「稲」の実りに見立てて、秋の豊作を仲間たちとお酒を飲みながら先に祝うことで願いを引き寄せるという儀式でした。

私の会社でも朝礼で社員が目標に掲げた「社員旅行」「昇給」「業績配当金」「休日休暇」

の達成をみんなで祝い「ありがとう！」と唱和しているのですが、これを行うことにより、3つの効果を期待しています。

1つ目は、目標を達成したときの喜びなどを先に感じることで、ポジティブな感覚を増幅することです。前向きな考えや気持ちにより、目標達成に向けたモチベーションを高めることができます。

2つ目は、潜在意識の活性化です。予祝を行うことで、目的達成が現実に起こるような感覚を潜在意識に植え付けることができます。潜在意識は目標達成に向けた行動と選択を自然にサポートし、行動を促してくれます。

3つ目は、目標を達成したあとのイメージの形成です。具体的なイメージを持つことで、達成したいものが明確になり、目標に向かう道筋が見えてきます。

夢が叶ったときと同じ気持ちになって、感謝の言葉をみんなで口にすることによって、ラッキーを引き寄せるエネルギーが出ているのだと思います。

実際に予祝をやっていると、不思議なくらい良い仕事や、今まで経験したことがないような依頼がたくさん舞い込んできます。もちろん技術力がないと対応できないので、私たちの技術でできるような仕事という意味ですが、とにかくどんどん入ってくるようになりました。これまでは本社のある岩手県内の仕事が中心でしたが、最近では青森県や秋田県、宮城県など東北3県からの仕事や、それ以外のエリアからの依頼も増えています。もちろん社員のモチベーション向上による顧客対応力がアップしているからだとは思いますが、年々、会社へのニーズが上がってきていることは、私だけでなく社員たちも実感しているところです。

常に変化を加えて、マンネリ化を打破

私の会社では、さまざまな取り組みによって社員のモチベーション維持を行っていますが、一つだけ気をつけていることがあります。それはマンネリ化してしまわないようにすることです。同じことを繰り返しやっていると、次第に目標に対する意識が下がり始め、

おざなりになってしまうことがあります。このマンネリ化を防止するために、掲げる目標を変化させていくことが必要になります。

ちなみに社員による損益計算書づくりを始めた当初は取り組む項目として掲げていたのは、社員旅行の費用だけでした。基本給のベースアップや業績配当金などは項目としていなかったのです。それでも初めての取り組みというだけあって、社員旅行の行き先を決めるだけでも社内は大いに盛り上がりました。自分たちで行き先を決められることもあって、旅行先の予定も社員で計画を立てるなど、これまでにない社員旅行となり、みんなとても楽しんでいました。

しかし、社員旅行の行き先と費用だけで損益計算書の作成を続けていると、じきにマンネリ化してくると見越して現在行っている4項目の目標設定にしました。常に新しい目標を設定することで、マンネリ化を防ぎます。目標は小さくてもよく、達成可能かつ充実感のあるものを選ぶことを心がけています。

今の4項目も安定してきたので、そろそろ変化をつけるため、新たな施策を検討中です。

第4章

成長を続けられるか否かは
社長が社員に任せられるかで決まる
損益計算書を通じて社員に経営意識を
持たせれば業績はあとからついてくる

経営者は中長期的な成長戦略を考える時間をつくる

経営者が社員と同じような業務に没頭していると、業績の低迷から脱却することは難しくなります。経営者が行うべきは、日常業務から一歩引いた立場で、中長期的な会社の成長戦略を考える時間を意識的につくることです。この視点を持たなければ、会社の進むべき道を見失い、経営全体のバランスが崩れる危険性があります。特に中小企業の経営者にとっては、この視点が会社の将来を左右する重大な要素となります。

中小企業、例えば自動車整備工場などでは、社長を含め4～5人で会社を運営しているケースが多々あります。こうした会社の多くは、現場の仕事を長年続けた結果、会社を立ち上げたたたき上げの社長が指揮を執っています。経験と知見が豊富で、整備技術に関しては自信を持っているため、社長自らがメンテナンスや修理に手を動かすことも少なくありません。短納期の案件や人手不足の状況においては、社長が現場に出て作業をこなすのも理解できます。しかし、これを長期的に続けていては、社員が成長する機会を逃し、会社の規模拡大も期待できません。

経営者が日常業務に深く関わりすぎると、日々の短期的なタスクに追われるあまり、中長期的な戦略を考える余裕が失われてしまいます。経営的な視点を持たなければ、会社が持続的な成長を遂げるための施策を練ることができなくなります。また、社員側にも影響が出ます。社長が常に現場にいて直接指示を出す環境では、社員が自ら考え、判断し、責任を持って行動する機会が減少します。結果的に、社員は依存的な姿勢になり、自発的な成長が阻まれてしまうのです。これでは、組織全体のパフォーマンスが向上しにくく、競争力のある企業づくりが難しくなります。

経営者は、まず業務を見直し、自身が現場業務から一定の距離をおくことが重要です。各社員に権限を委譲し、自律的に業務を遂行できる環境を整えることで、社員が自分の役割に責任を持ち、成長していくことが可能になります。こうした環境では、社員が主体的に考え行動する力を養い、組織全体の生産性や創造性が高まります。社員の成長は、結果として会社の競争力を強化し、持続的な発展を促します。

では、現場を離れるのが難しい経営者はどうすればいいのかというと、まず少し時間をとって成功しているほかの経営者のビジネス書を積極的に読んだりセミナーに参加したりすることが非常に有益です。多くの成功した経営者が、どのような理念を持って具体的にどのような経営をしているのかを学び、自分に合った実践方法を取り入れることで、経営者自身の視野が広がり、効果的な戦略立案につなげることができます。またこれによって、将来的な方向性や中長期的な目標を設定し、その目標達成に向けて具体的にどのような施策を講じるべきかを考えることができます。

最終的には、社長自身が社内で最も重要な意思決定者であることを再認識し、その役割を全うするために必要な時間を優先的に設けることです。現場を支える優秀なチームを築き、彼らの成長を促す環境をつくることが、会社全体の成功に直結します。経営者が中長期を見据えて計画を立てることで、企業の安定と発展が約束されるのです。

社員全員が目指せる、共通の目標を立てる

10年後、20年後に自社がどういう会社でありたいのか、社長が社員に語り続けることは、企業のモチベーション向上において必要不可欠です。社長自身が描く夢やビジョンを共有し、組織全体に浸透させることで、社員は仕事に意義を見いだし、一体感を持って働くことができるようになります。このような取り組みを実践し続ける会社は、容易には崩れません。現代はVUCA（変動性、不確実性、複雑性、曖昧性）の時代であり、予測不能な出来事が頻繁に起こります。従って、ビジョンを示し、未来に備える体制を整えておくことが求められます。

2023年の国税庁統計法人税表によると、全体の約7割の法人が赤字であると発表されました。これは、厳しい言い方をすれば、多くの会社が社長のリーダーシップ不足によって苦境に立たされていることを示しているかもしれません。社長が社員と同じように日々

の業務に追われ「忙しい、忙しい」と口にするばかりでは、企業としての成長は見込めません。日々の業務に終始するだけでは、会社は毎年同じ業務を繰り返し、変化を生み出すことができないのです。特に、現在のように不確実な時代において、経営者が自らのビジョンを掲げ、社員を引っ張る力がなければ、会社は一瞬で不況の波にのまれてしまいます。

まず、社長が行うべきは、ビジョンを具体的な言葉で伝えることです。月例会議や経営発表会などの場で繰り返し語ると、社員はそのビジョンが企業の核となっていることを理解します。さらに、そのビジョンを実現するための具体的な施策を次々と導入していくことで、社員も「会社が変わりつつある」と実感するようになります。共通目標を設定すれば、社員全員が同じ方向を向き、共通の目標を指針として進むことができるようになります。この一貫したビジョンと方針があることで、組織全体の一体感が高まります。

また、目標達成に向けて社員一人ひとりの業務が組織全体のビジョンと一致すると、社員は「自分の仕事が会社の成長に貢献している」という実感を持つことができます。この実感が社員のやりがいや誇りとなり、業務に取り組む意欲を高めます。さらに、達成した目標が全社員に共有されると、個人の成果が認められるだけでなく、チーム全体の成功体験が大きなモチベーションとなります。

昨今では、転職が一般的になり、社員は「この会社で自分の未来を築けるか」を見極めようとしています。特に中小企業では、社長が10年後、20年後の会社の姿を語ることは非常に重要です。現代のように不況が続く中では、自分が働いている会社が今後も安定して成長していけるのかという不安を抱える社員は少なくありません。そこで、社長が「10年後には、当社はこうなる」というビジョンを示し続けることは、社員の心に響き、安心感をもたらします。ビジョンを具体的に示すことで、社員は自らが所属する会社の方向性を把握し、長期的な目標に向かって一体感を持って働くことができます。

私自身が社長に就任した当初、本社を含めた工場は古びた木造建築で、社員たちもモチベーションを高めにくい環境にありました。このままでは生産性向上は望めないと感じ、7年後を目標に新しい工場を建設し、社員が快適に働ける環境を整えることを決意しました。結果的に8年かかりましたが、本社を移転し、その後も最新設備を備えた広大な本社工場を新設し、2018年には盛岡工場の竣工を果たしました。また、2024年には旧水沢工場を改築し、レーン数2倍、敷地面積3倍の広さを誇る奥州工場として再出発させました。これにより、社員たちは「この会社は変わるんだ」「掲げた目標は実現できる」という実感を抱き、自信と誇りを持つようになります。

経営とは、「これで十分」と満足した瞬間から停滞が始まります。昨日より今日、今日より明日、そして今年より来年というように、常にプラス思考で次を見据えた発想で経営を進めていかない限り、不況を乗り越えるのは難しいと思います。ある有名なコンサルタントが「会社は社長一人の考えで決まる」と言っていましたが、その言葉に私も深く共感しています。社長がどのように会社を導くのか、そのビジョンが企業全体の方向性を決定し、社員の働き方や意識を大きく左右するのです。

従って、企業が10年後、20年後も成長を続けるためには、社長が強いリーダーシップを発揮し、ビジョンを共有し続けることが不可欠です。そのビジョンを具体的な行動計画に落とし込み、社員とともに実現していくことで、会社は安定した成長を遂げることができるのです。

会社と社員は、常にWin-Winの関係を構築する

会社（経営者）が利益を上げるために守らなければならないのは、社員とのWin-Winの関係構築です。経営者一人でどれだけ努力しても、達成できることには限界があります。経営者が新たな戦略を立案し、決断を下すことはできても、実際に顧客を開拓し、日々のサービスを提供し、品質を維持するのは社員の役割です。このような社員の力なくして、企業の成長や発展は望めません。しかし、経営者が「新規顧客を開拓せよ」「顧客の要望には迅速に対応しよう」といった指示を、経営者の視点から押し付ける形で繰り返すだけでは、社員はそれを自分の目標としてとらえにくく、経営者と社員は平行線のままです。共通の目標を持ち、協力し合って仕事に取り組む環境がなければ、企業全体の一体感は生まれません。

社員と経営者が互いに利益を享受できるよう、バランスの取れた関係を構築することが

不可欠です。例えば、社員にとっては報酬や福利厚生の向上がモチベーションとなり、経営者にとっては会社の利益拡大が最大の目標です。これらの目標がどちらも叶えられる関係が、Win-Win の関係といえます。経営者が自社の業績を向上させるためには、社員が意欲を持って働くことが欠かせません。逆に、社員が自らの生活を向上させ、安定した報酬や働きやすい環境を求めるには、会社が利益を生み出し、成長を続ける必要があります。

この関係性の実現には、経営者が社員にキャリアアップやスキル向上の機会を提供することが有効です。社員が新しいスキルや経験を積むことで成長すれば、その知識は企業の競争力を高め、業績の向上につながります。こうした仕組みを取り入れることで、社員はただ指示に従うのではなく、自らのキャリアと企業の成長を重ね合わせることができます。

「損益計算書」を作成する前には、私はさまざまなセミナーに参加し、ほかの経営者たちの経営手法を学びました。その中で感じたことは、会社の売上目標が社員にとって「自分事」としてとらえられていないと、達成は難しいということでした。そのため、私の会社ではベースアップや業績に基づく配当金、休日の充実など、社員にとって目標となる具体的な項目を設定しました。社員にとって自分の利益となる目標でないと、本気で動いてもらえないのです。

多くの企業では、社員の報酬や労働条件の改善を求めることは労働組合が行うもので、経営者が自発的にそうした施策を導入することはまれです。しかし、私の会社ではその慣例を打ち破り、経営者自らが社員の要望を反映した目標を掲げる取り組みを行っています。これは一見型破りに見えるかもしれませんが、この仕組みを導入した理由は、社員にWin-Winの関係を理解してもらうためです。社員がベースアップや業績に基づく配当金を求めても、会社が十分な利益を上げていなければそれは実現できません。社員自身が「自分たちの求める報酬を実現するためには、会社としてこれだけの利益を出す必要がある」という現実を理解することで、目標が会社全体の利益と一致します。

このアプローチにより、「やらされ感」でしぶしぶ仕事をしていた社員の意識が大きく変わります。社員は自ら進んで仕事に取り組むようになり、結果的に業績も向上します。この仕組みは単に給与や福利厚生を改善するだけではなく、社員と経営者の意識を一体化し、同じ目標に向かって協力し合う企業文化を築くための重要なステップです。

外から知識を得て、自ら従業員に研修を行う

私は社長として会社を立て直すために、まず外部から知識を得ることに徹底的に取り組みました。会社経営の基盤を強化するためには、過去の成功事例や理論を学ぶことが必要だと痛感していたからです。そこで、経営ビジネス書の名著とされる本やベストセラー、自分が尊敬する著名な経営者や経営コンサルタントによる書籍をたくさん読みました。

さらに、業界や業種を問わず、中小企業で成功を収めている経営者たちの講演や、それをサポートする有名な経営コンサルタントが主催するセミナーにも積極的に参加しました。セミナーでは、現場で培われた生の知識や実践的なノウハウを直接吸収できるだけでなく、ほかの参加者との意見交換やネットワーキングによって新たなビジネスのヒントを得る機会もあります。

このように、外部の情報や知識を積極的に取り入れていると、業界の枠を超えた視点や

アプローチを自社に持ち込むことができます。これまで自分の発想だけでは到達できなかった新しい考え方やアプローチに接することで、会社の変革の糸口を見つけることができます。具体的には、異なる業界のベストプラクティスや成功事例を学び、それを自社流に応用し、社内に導入しました。外部の知見を取り入れることで社員に新しい気づきを促し、より柔軟な対応力が養われることにもつながります。

また、新しい考え方を導入することで変化に対して柔軟に対応できる企業文化を育てることができます。

企業として競争力を維持・強化するためには、外部の知識を絶えず吸収する姿勢が欠かせません。これにより、社内全体が常に学び続ける文化を持ち、未来に向けて持続的な成長を続けられるようになると思います。

ここまで、まるで理想的な会社運営をやってきたように思われるかもしれませんが、組織には二、六、二の法則があって、社員に良いと思われることを導入しても2割の人は反発的または無関心です。そういうなかでも業績が上がっていくのは不思議なものです。そういうわけで私は6～7割の社員がついて来てくればOKだと思います。

こうした取り組みを続けることは、ただ単に会社を立て直すだけではなく、将来にわたり成長し続けるための土台作りにほかなりません。

まずやってみる。失敗したら、次のチャレンジに切り替えればいい

若い頃は、失敗を恐れず新たなことにチャレンジできたのに、どうして社長のような重要なポストにつくとそれができなくなるのか、2つの理由が考えられます。1つは、チャレンジして、それがうまくいかなかった場合に、会社の業績に悪影響を与えてしまう恐れがあるからです。特に中小企業の場合、複数事業を展開しているわけではなく、社員も限られているため、ちょっとの失敗が、会社全体に大きなインパクトを与えてしまう可能性があると思ってしまいがちです。

もう1つの理由は本人のメンツです。新たなことをやってみて、売上・利益の向上に貢

献できれば問題ないのですが、うまくいかなかったときには、社長としての威厳がなくなり、社員に対して顔向けできなくなってしまいます。

社長としてのこうした戸惑いやプライドは、会社の代表を務めている私も理解できるところはあります。しかし先代の父が死去し、業績の厳しい状態から経営を任された私にとって、V字回復に向けて藁にもすがる思いで取り組んできました。どのような方法を使ってでもいいので、利益を上げることをなりふり構わずやってきました。「失敗は怖い」がやらざるを得ない状況だったのです。書籍を読んだり、東京までセミナーに通ったりして、「これは！」という施策があれば、積極的に試してみては、結果がでなければ、また新たな施策を取り入れる。その「トライアル＆エラー」を繰り返し、今の私たちの経営スタイルが出来上がってきました。

新たな取り組みなどを1年ほどやってみて、うまくいかなければやめてしまえばいいだけです。大手企業だと、ステークホルダーとの調整が必要なので、すぐに取りやめられないかもしれませんが、中小企業だと決裁権を持つ社長だけで決めることもできるはずです。

これまでに私も数々の失敗を繰り返してきました。それによって、売上や利益が下がった経験もあります。自分たちが間違った施策を行ったときには、数字をチェックしながら、改善していけばリカバリーできます。

私は社長業の経験がまったくなかったので、真っ暗な闇の中を、手探りで歩きながらも、前進するように経営を行っていました。すると途中でさまざまな障害にぶつかり、方向転換を余儀なくされることもあります。つまずき、脚や腕に傷を負っても、うまくいかなかった取り組みは致命傷になる前に迅速にやめてしまう。そんなふうにして、少しずつ、最適な道を見いだしていったように思います。

経営者は「まずやってみる」「トライアル&エラー」、この2つが大切な考え方だと思います。特に現代のビジネス環境では、変化が速く、予測が難しいため、完璧な計画を立てることよりも、素早く行動し、実際の状況から学びながら改善を繰り返すことが求められています。

「まずやってみる」という姿勢は、素早い意思決定と行動を促します。状況に応じてすぐに行動に移すことで、結果を早く得て、次のステップに進むことができます。

「トライアル&エラー」を繰り返すことで、計画どおりにいかない場合でも柔軟に対応する力を養うことができます。入念な計画を立てても、現実のマーケットや顧客の反応は予測と異なることが多いです。そのときにすぐに軌道修正ができる経営者は、変化に迅速に対応でき、競争環境でも優位に立つことができます。

経営者が自ら率先してトライアル&エラーの精神を実践することで、社員やチームにもポジティブな影響を与えることができます。結果として、企業全体がチャレンジ精神を持って、主体的に取り組める組織文化が形成されます。

そのほかには、行動を起こし、その結果を分析することで「現実的なデータ」を集めることが可能になります。実際に試みなければ得られない情報を基に、より正確な意思決定が可能になります。

トライアル&エラーの積み重ねは、短期的には小さな失敗があるかもしれませんが、長期的には企業の成長や成功を確実なものにします。何度も挑戦し、学び続けることで、最終的には市場での成功をつかむ確率が大幅に上がります。

野球でもバッターは打席に立つと、バットを振らなければ塁には出られません。四球という手もありますが、必ずしもボール球ばかりくるとも限りません。いくら名選手でも3割しか打てず、7割はアウトになり、ほとんどがうまくいかないということです。ダメだと思ったら頭を切り替えて次に行く。失敗は「必要悪」だと考え、しっかりとつきあっていけば、楽しんでチャレンジできると思います。

最初から理想を求めすぎない

経営者は、最初から完璧を求めない、ということも意識するべきです。理想と現実とのギャップが大きすぎると、組織や社員にとって悪影響しかありません。理想が高すぎると、社員たちはそれを達成することが難しく感じ、やる気を失ってしまいます。だからこそ、現実的な目標や期待値を設定することが重要です。

例えば、来期の経営計画書を作成して、社員に対して方針を示そうとする際、経験がないにもかかわらず、数十ページにわたる経営計画書を初めから作ろうとするのは避けるべきです。まずはＡ４サイズ２～３枚程度の簡易な計画書で十分です。やれるところから少しずつ始めて、着実に一歩を踏み出すことが大切です。この第一歩こそ、実は経営者にとって最も難易度が高いのです。しかし、一度その一歩を踏み出すことができれば、第二歩、第三歩へと自然に進めるようになります。言い換えれば、最初の一歩目のハードルを低くし、スモールスタートで始めることが成功へのカギです。

そのためには、経営者はこれまで自分で行っていた業務を、徐々に社員に任せていく必要があります。経営者にしかできない仕事に注力するためには、業務の分担が不可欠です。例えば、モノづくりの技術を持つ社長はその卓越した技術で会社を成り立たせていることもあります。しかし、どれだけ最先端の技術を持っていても、会社が赤字続きや利益が出ていない状況では、経営の方針を見直すべきです。技術力だけでは会社は成り立ちません。経営には、計画性、判断力、そして柔軟な思考が求められるのです。

人間は万能ではなく、どんなに努力をしても、想定どおりにうまくいかないことは必ず出てきます。先を見通すことができないのは、ある意味で真っ暗な闇の中を歩いているようなものです。そういった状況でつまずいたり、何かにぶつかったりするのは自然なことです。しかし、一度ぶつかってみれば、その場所には障害があることを理解し、新たなルートを模索することが可能です。逆に、つまずくことを恐れて立ち止まってしまうと、前進することはできなくなります。

売上が思うように伸びない、利益が下がったといった兆候は、現行の方法が効果的でないことの証拠です。このような状況に直面した際には、躊躇せずに新しい手法を検討し、実行に移す勇気が必要です。従来の手法を見直し、改めることは決して失敗ではなく、むしろ成長に向けた重要なステップです。社員のモチベーション向上を目指して行った施策が、逆にモチベーションを低下させる結果となることもあります。しかし、それも実際に試してみなければ結果は分かりません。経営者は常に決断し、撤回し、改善し、継続するというプロセスを繰り返す役割を担っています。

さまざまな挑戦を通じて、試行錯誤を繰り返しながら最適解を見つけるしかありません。これが経営の本質であり、社員との信頼関係を築くための道です。経営者が積極的に学び、試し、失敗を恐れず前進し続ける姿勢こそが、組織全体の成長を導く原動力となります。

経営者は信念を貫くための拠り所を見つける

社員のモチベーションを高めるために、次々導入した施策は、書籍やセミナーなどで学んだことを参考にしていますが、最終的には自社に合わせて自分でアレンジしていきました。

私が導入したすべてのアイデアは、社長である私一人で決断しています。中小企業では、経営者が最終的な意思決定をしなければならないと思っています。社員に対して、自分たちが実現したいように「社員旅行」「昇給」「業績配当金」「休日休暇」の目標を決めさせるのも、私が決めました。「何をやるか」という計画も大事ですが、それを迅速に決断する能力も企業のV字回復には大事な要素です。社員から意見を聞いたり相談したりするのは、業務や生産に関することで、経営に関しては社員に相談する必要はないと思います。

中小企業はリソースが限られているため、必要なときに迅速に行動して、対応する必要があります。チャンスを逃さずにとらえるためにも「先送り」せずに、決断が大切です。
また経営者の決断は、社員に対する方向性を示すことにもなります。的確な判断を下すことで、従業員の信頼を得て組織全体を導くことができます。短期的な戦略だけでなく、将来的な成長を見据えて戦略を立てるためにも、強い決断力が必要になってきます。

経営者は、時にリスクの高い判断を迫られることがあります。信念の拠り所があれば、迷いが生じた際にも、どのような選択が自分や企業にとって正しいかを判断しやすくなります。困難な状況に直面しても、信念に基づいて決断を下すことで、後悔のない選択ができるため、経営者自身の心理的な負担も軽減されます。

経営は精神的にも非常に厳しい職務であり、常に多くのプレッシャーにさらされます。人間は弱いものです。その弱い人間がいろいろな場面でいろいろな決断をしなければなりません。ですから、信念の拠り所を持つことは、経営者自身が精神的に安定するために重要です。拠り所があることで、困難な局面でも自分の軸を失わず、ストレスや不安に対しても冷静に対応できるため、経営者としての持続力が高まります。

知り合いの経営者にも、「自分の決断が正しいかどうか不安にならないか」と聞かれたことがありますが、経営者は不安と同居しながら、それでもプラス思考でやっていくしかありません。また、「経営者は孤独だ」ともいわれますが、今まで孤独をなんとか乗り越えてやってきたのも、自分の信念や心の拠り所になるものがあるのが大きいと思います。

私の場合、その拠り所にしているのは「瞑想」と「九星気学」です。瞑想は38歳の頃からやっているので、今で40年ほどの経験がありますが、欠かさず毎日続けています。経営コンサルタントがやっていた瞑想法で、稲盛和夫さんも実践していると書籍に書かれていたので始めました。瞑想に取り組み始めた頃は、起床後と就寝前に30分ずつ時間をかけて行っていましたが、今は寝る前に1日20分ほどやっています。限られた時間のなかですが、自分の呼吸に集中していると、それまでの雑念などから解放されて、精神的なバランスがとれるようになります。

九星気学は、これも瞑想を始めたのと同時期に知り、学ぶようになりました。九星気学とは、自分の生まれた日や時間から「吉方位」と呼ばれる幸せを呼び込む方位を選び、適切な行動をとることで、リスクを減らし、運気を高めることができます。この占術を知ったときに、商売を今後50年、100年と続けていくには、その企業の社長の運気が高ければ、会社は倒産することなく順調に回っていくだろうなという考えのもと、やり始めました。単に知識として吸収するだけでなくやるなら本気で取り組もうと、九星気学を教えている先生のところに毎月通い、1年間かけてじっくり学びました。

そこで学んだことを実践しようと、方位をとるため旅行を始めました。この時期の吉方位は「西」と聞けば、秋田県に2泊3日で旅行して、「北」と聞けば青森県や北海道へ行っては、その場所のエネルギーを浴びるようにしました。これだけの影響ではないですが、実際良いアイデアが湧いてきたり、仕事や人との良い出会いも増えたりしていきました。

例えば、経営についての知識がまだ浅かった頃に出会った、東京の経営コンサルタントには、工場別の損益計算書づくりの基礎を学びました。そして、社員のモチベーション向上の重要性も併せて教わり、その結果、黒字経営を継続するまでに事業を拡大してきました。

このように九星気学を取り入れることで、次第に私たちの事業も右肩上がりに伸びてきたので、新たな工場も吉方位の考えを反映して場所を選び、建設しました。九星気学には家相の考えもあるので、顧客が入ってくる動線や使い勝手のよいレイアウトを採用し、つくり上げました。

２０１８年に盛岡工場、２０２４年に奥州工場と次々工場を新築移設したのですが、投資額でいうと数億円かかっています。私たちの年商が13億円程度なので、その割合から考えると、相当な額になります。普通の経営者なら、こんな投資をしてうまくいくのだろうか、と不安になると思います。私の場合は最初からいい方角を選んで工場を建設し、占術師による家相風水のアドバイスのもと設計しています。そのため、大丈夫だと信じているので、大きな投資をしても、不安になったり、後悔したりすることはあまりありません。どちらかといえば、瞑想法や九星気学を始める前のほうが、常にストレスを抱えていました。

精神状態を整え、運を味方にすることで、経営に対してポジティブに向き合うようになりましたし、楽観的な性格に変わってきたと思います。

九星気学を学ぶと、人は常に運気が高いわけではないことを知るようになります。人のエネルギーは高いときもあれば、低いときもあるわけです。エネルギーが高いときは、何をやってもうまくいくし、エネルギーが低いときには、どんなこともうまくいきません。そのエネルギーの波を理解していれば、エネルギーが低い時期は動かず、高い時期に大事な決断を行って、行動するようになります。そうすれば自然と私たちにとって良い結果が増えてくるのです。そのため、良くないことが起こっても一喜一憂しなくなり、あらゆる変化に対しても、落ち着いて向き合い、判断できるようになってきました。

経営環境は絶えず変化し、未来の予測は困難です。信念を拠り所とする経営者は、変化や不確実性に直面しても揺るがず、冷静に対応できる力を持っています。強固な信念があることで、環境変化に対する柔軟な対応や、リスクを取るべき時期を判断する際に自信を持って行動することができます。ビジネス環境が変わる中でも、経営者が信念を持っていると、企業の「コア」や本質的な価値を守りながら、適応力を発揮できます。時代や市場に合わせた柔軟な対応が求められる一方で、企業として譲れない信念や価値観を保持し続けることが、ブランドの信頼を維持し、企業のアイデンティティを保つために欠かせません。

他社の成功事例はそのまま使えない。自社用にアレンジする

中小企業が他社の成功事例を自社に導入する際、多くの要因を慎重に考慮しなければ、期待どおりの成果を得ることは難しいです。成功事例を参考にすることは、非常に有益なインスピレーションを得る手段ですが、単純にコピーするだけでは、成功を再現できないことがほとんどです。これは、企業ごとにカルチャーや組織風土が異なり、社長や社員の能力、リソースもさまざまであるためです。例えば、オープンでフラットな組織構造が成功のカギとなった企業の施策を、伝統的なヒエラルキーを持つ自社にそのまま適用しても、期待された効果は得られない可能性が高いです。

成功事例を自社に導入する際は、そのまま模倣するのではなく、どの部分を自社の状況に合わせて調整すべきかを見極めることが重要です。業界や市場が異なれば、同じビジネスモデルでも成功の要因は変わります。例えば、他社が特定の技術力や資金力を駆使して

成功を収めた場合、自社が同じ資源を持っているとは限りません。そのため、自社のリソースに合った形で戦略をカスタマイズし、必要に応じてスモールスタートで段階的に実施するなど、柔軟な対応が求められます。こうした調整は特に中小企業やスタートアップにとって、成長段階に応じた現実的な戦略の策定を意味します。成功事例が示すリソースを一から用意するのは難しい場合もあるため、手持ちのリソースで最大の効果を引き出す方法を考えなければなりません。

また、他社の成功事例は顧客ニーズやターゲット市場に依存することが多いです。自社の顧客層が異なる場合、同じ戦略をそのまま適用しても十分な効果を発揮しない可能性があります。顧客特性を理解し、それに応じた施策を展開することが、成果を上げるための第一歩です。顧客ニーズの変化や競合状況を定期的に見直し、それに基づいて戦略を調整することが求められます。

社員のモチベーションアップを目的とした施策についても、社員が施策を受け入れ、実際に行動に移せるような工夫が必要です。他社の成功事例を参考にしつつ、自社の社員に合わせた施策にアレンジしていかなければ、同じ施策でも成果は出ません。例えば、過去に行ったセミナーが予定回数を満たせず途中で終了した経験は、自社の状況に合ったプログラムを事前に調整しなかったことが原因です。社員の理解度や能力に合わせて内容をカスタマイズし、分かりやすい言葉での説明や実践的なワークショップを取り入れることが重要です。講師との打ち合わせをしっかり行い、内容の適切さを確認することも欠かせません。

具体的な事例として、損益計算書の導入が挙げられます。一般的なフォーマットをそのまま導入すると、社員が理解するまでに時間がかかり、効果的な利用が難しくなります。例えば、経費や利益目標の設定が実績不足で空欄のままになり、活用に支障をきたすことがあります。そのため、前期の実績データを基にした損益計算書を用意し、社員が簡単に理解できるような形にカスタマイズします。これにより、社員はよりスムーズに目標設定や戦略立案に取り組むことができ、結果としてモチベーションアップに貢献します。

企業にとって、導入する施策は単なる模倣ではなく、目的達成のためのツールであるべきです。そのため、自社の文化や状況に合ったアレンジが必須です。成功事例を柔軟に活用し、社員が理解し実行しやすい環境を整えることこそが、企業の持続的成長における力ギとなります。

社員のモチベーションを高めるさまざまな取り組み

私はこれまでに社員のモチベーション向上のために、数々の施策を行ってきました。最初は失敗もありましたが、内容を変えて、社員にフィットするようにアレンジをして続けてきました。

いくつかあるなかで、成果につながってきた施策は次のとおりです。

①ありがとうカードの交換

職場の人間関係が悪いと、互いに不信感が募り、前向きな行動をとることにつながりません。これでは組織の健全な成長は見込めず、社員のモチベーションアップどころか、モチベーションダウンになる可能性さえあります。

こうした職場環境にならないようにするためにいちばん大切なのは、社員同士が信頼できる人間関係を構築できることです。そこで取り入れたのが「ありがとうカードの交換」です。さまざまなセミナーに参加してみると、利益を上げ続けている中小企業の多くが、この施策を取り入れていました。

人間は感情の生き物です。他者に褒められて嫌な気持ちになる人はいません。それに、普段から「ありがとう」を口癖にしていると、その人がいるおかげで職場自体が明るい雰囲気になってきます。定期的に本社を訪問してくる銀行の営業担当者にも、「東和本社さんは、いつも非常に雰囲気がいいですね」と、事あるごとに称賛の言葉をかけてもらえます。さまざまな企業を訪問して、いろんな社員に会っている人にそう言ってもらえると、自分のことのようにうれしくなります。

ただ導入するには課題もありました。それは、いいと思って始めたものの、継続できずに途中でやめてしまう企業が多いことです。そこで、私たちは、運用面で工夫しました。毎月初旬に社員を集めて表彰式を行う月例会議を開催しているので、そこで「ありがとうカード」を交換するようにしたのです。月例会議は毎月開いているので、途中で自然消滅することなく、継続して行えます。

社員一人ひとりに3枚のありがとうカードを配布し、今月自分が感謝の言葉を伝えたい人に月例会議で渡すという、非常にシンプルなルールです。

渡す相手は1枚ずつまったく違う人でもいいですし、1枚だけでは感謝の思いが伝わらないというのであれば、一人に3枚すべて渡すことも可能です。

さらに、ありがとうカードの交換を促進させるために、もう1つ新たな仕組みを取り入れています。それは、月例会でもらったありがとうカードをみんなから集めて、箱に入れてゲーム式で抽選会を行うというものです。1等1本、2等3本、3等5本、毎月異なる景品を用意しており、当たれば景品がもらえます。これまでありがとうカードを多くもらった人が、抽選BOXにたくさんのカードを入れられるので、当選する確率が高くなります。自ずと、周りの人から感謝される行動をとるようになってきます。

またありがとうカードでは、年2回、表彰式も行っています。たくさん獲得した人や数多く会社に貢献した人、より多くのサポートを行った人などを工場別にランキングして、表彰しています。カードを受け取った社員は、自分の行動や仕事が周囲から認められたと感じます。これにより、自尊心や自己肯定感が高まり、モチベーション向上につながります。

感謝をされることで、自分の貢献が組織全体にとって重要だと実感でき、仕事に対する意欲が高まります。感謝の気持ちを伝えることで、社員同士がより良好な関係を築けます。特にチーム内での感謝のやりとりが増えると、協力的な姿勢が生まれやすくなり、チームワークが向上します。

金銭的な報酬だけでなく、感謝や認められること自体が「心理的報酬」として働きます。ありがとうカードは簡単に送ることができ、コストがほとんどかからないにもかかわらず、社員が大きな満足感を得られるツールです。こうした心理的報酬は、社員が長期的に高いモチベーションを維持するために重要です。

定期的なありがとうカードの交換で会社全体の雰囲気がポジティブに変わります。感謝の気持ちが自然と表現されることで、職場内のストレスや不満が軽減され、ポジティブな職場環境が作り上げられます。働く場所の雰囲気が良いと、社員のモチベーションは高まり、業務に対する取り組みも前向きになります。ありがとうカードを通じて、社員がどのような行動や取り組みを評価されているのかが理解できます。

このように、ありがとうカードの交換会を定期的に行うことで、社員がモチベーション高く、仕事に向き合える環境を整えています。それに、ほかのメンバーから思いもよらずカードをもらえることもあるので、自分の努力が認められ、評価してもらうことが自己肯定感を高めることにもつながります。

② 職場を元気にする人を評価する表彰制度

「表彰制度」は、多くの企業が取り入れていると思いますが、私が社長になってしばらく経つまでは一切行っていませんでした。

それまで私は、表彰制度はトップの売上を上げた人など、何かしらの可視化できる形で会社に貢献してきた人だけを評価するものだと思っていたからです。それが間違った考えであることに気づいたのは、名古屋のあるホテルが、赤字経営からV字回復したドキュメンタリー映像を見たときです。

その中で、社長が従業員を表彰するシーンが映し出されていたのですが、トップセールスだけでなく、女性事務員も対象になっていたのです。それを見て「社員が頑張ったことなら、どんなことでも表彰できるんだ」と気づきました。それなら、いろいろな形で、社員を表彰してあげれば、社員はやる気が出るだけでなく「こんなことでも、会社の貢献になるんだ」という気づきを与えられると思いました。やはり、自分ではそれをやることが当たり前だとしても、彼や彼女がそのタスクをやらないと全体の業務が円滑に回らないということはあります。

それを会社として評価することで、社員も自分の仕事に誇りをもって取り組めますし、もっと良くするにはどうすればいいか考えるようにもなってきます。

そこで月例会議にて、売上に直接貢献していなくても、職場を元気にしてくれている人であれば、積極的に表彰するようにしました。各工場の責任者から「今月はこういう理由で、この人を表彰したい」という名前が挙がってくれれば、表彰状を作成し、金一封も支給します。

どんな小さな努力でも表彰することで、社員は自分が貢献していると感じ、達成感を得ることができます。たとえ結果に結びつかなくても、プロセスや努力を認められることで、社員は自分の努力が報われると感じ、次のチャレンジに対しても積極的に取り組むようになります。

社員同士が互いの成果や努力を評価することで、職場全体に「感謝」と「リスペクト」の文化が広がります。表彰を通じて、協力的でポジティブな雰囲気が作られます。このような文化は、チームワークやコミュニケーションの向上にも寄与します。

どんなことでも表彰できるという考え方は、個々の社員が持つ多様なスキルや特性を認めることにつながります。営業成績などの成功だけでなく、例えば「チームの雰囲気を良くする性格」「困難な状況でも粘り強く仕事を遂行した努力」「ほかの社員をサポートした優しさ」など、目に見えにくい貢献も評価の対象にすることで、組織全体の成長を促します。

努力そのものを評価することは、結果にかかわらず挑戦することを奨励するメッセージにもなります。

社員自身の努力が認められ、表彰されると、会社に対するエンゲージメント（愛着や帰属意識）が高まります。エンゲージメントが高い社員は、会社のためにより一層努力し、成果を上げることが期待できます。特に、日常の業務における小さな成功や努力を評価することで、社員は自分が組織にとって重要な存在であると感じ、長期的な貢献を続ける意欲が湧いてきます。

ただ、毎月表彰するのは、普通5〜8人ぐらいです。従業員は全員で50人ほどいるので、年2回、忘年会と経営計画発表会という大きなイベントでは、通常の表彰以外に、そこから漏れてしまった人を「社長賞」として、ほぼ全員をなんらかの形で表彰するようにしています。

具体的には、自ら朝早くに出社して工場の美化活動を行っている人たちには「早朝出社工場清掃賞」、突発的な修理案件が発生した場合に、休日出勤や夜遅くまでの残業で、積極的に対応してくれた人たちには「休日・夜間緊急対応賞」として表彰します。そのほかには、「危険防止策積極対応賞」や「修理ミス防止積極対応賞」「メーカー点検等積極対応賞」など、一人ひとり頑張ってくれた取り組みに応じて賞を設けました。

表彰制度で褒められて、嫌がる人はいません。みんな喜んでくれます。そして、次も頑張ろうと思ってくれるので、これは私が社長に就任して何年か経ってから始め、今も続けています。

③関係の質を高めるためにイベントを随時開催

会社全体として、社員のモチベーションを上げていくためには、「全員で共通の体験」が大切になってきます。みんなが共通体験をすることで、互いの関係性の質が上がっていきます。前述の「ありがとうカード」の交換もその一つです。

特に私たちは本社（盛岡）のほかに、奥州、二戸、大船渡のエリアに工場を展開しており、それぞれ距離があります。普段顔を合わせない社員同士が、仕事もプライベートもすべて織り交ぜて、自由に話し合える場を持つことで、お互いの信頼関係を築くことが可能になります。やはり仕事の面だけでなくプライベート面も合わせて、その人自身が成り立っているので、両面を知ることで、より深く互いのことを理解できるようになります。

そこで私たちは、毎月行う月例会議のほかに、社員全員が参加できる、花見会や芋煮会などのイベントを定期的に開催しています。

全社員50人ぐらいであれば、名前と顔が認識できるくらいの人数ではありますが、イベントや飲み会だと同じ工場の同僚など、普段から一緒に仕事をしている顔見知りの人たちとかたまってしまいます。

普段は顔を合わせないような違う職場の社員と活発に話せるように、座席はくじ引きで決められます。そのため、当日にならなければ誰と隣同士になるかは分かりません。お酒を飲めない人も積極的に参加しており、ここで異なる工場や違う仕事の人たちとつながりができるようになっています。

このように「関係の質」とは、相互理解や相互の尊重が得られ、フランクなコミュニケーションが活発になされて、自己開示が行われます。マサチューセッツ工科大学の元教授のダニエル・キム氏が提唱する「組織の成功循環モデル」では、成功する「グッドサイクル」は、お互いに尊重し、一緒に考える「関係の質」を高めると、気づきが生まれ、前向きになれてモチベーションも高まっている「思考の質」につながるとされています。さらに新たな行動に積極的に挑戦する「行動の質」へつながり、成果である「結果の質」が高まります。この流れが「成功の循環」のプラスのサイクルです。

一方マイナスのサイクルは「結果の質」で結果ばかりを追い求めると、「関係の質」で人間関係が悪くなり、不信感が募り「思考の質」で思考が萎縮して視野が狭くなり「行動の質」で前向きな行動が生まれにくくなります。

イベントを通じて、社員は日常業務外でのコミュニケーションを取りやすくなり、互いの強みや性格を理解し合う機会を得ます。これにより、普段の仕事でも協力しやすくなり、チームワークが強化されます。

イベントでは普段あまり交流のない部署や役職の社員が交流する機会が増え、組織全体のコミュニケーションが活性化します。これにより、垣根を越えた情報共有や助け合いが生まれ、業務の円滑化や効率向上が期待できます。

業務外でのリラックスした環境の中でコミュニケーションを取ることで、社員同士の信頼関係が深まります。日常業務では分からない一面を知ることで、互いに対する理解が深まり、より強い信頼関係を築くことができ、協力的な職場環境が形成されます。

楽しいイベントやリフレッシュできる時間を設けることで、社員のモチベーションが高まります。定期的なイベントは、日々の業務の中でのリフレッシュの機会となり、社員がリラックスしてリセットできる場として機能します。結果的に、業務への意欲や集中力も向上します。特に、長期的に組織を支える「帰属意識」を高める効果があります。

イベントは、社員の多様な背景や価値観を理解し、尊重し合う機会を提供します。多様な社員が互いを理解し、共感し合うことで、インクルーシブな職場環境が促進され、職場の人間関係がより良好になります。多様性が尊重される環境では、社員が自分の個性を発揮しやすくなります。

また、社員が普段の業務を離れた場でリラックスしながら新しい視点を得るチャンスです。

業務の中で直接対話しづらい問題や課題についても、イベントを通じてフランクに話し合うことができます。リラックスした環境では、社員が率直に意見を交換しやすくなるため、組織内での小さな問題を解決する場としても活用できます。定期的なイベントを通じて、社員は自分が会社の一員であるという実感を得やすくなります。こうしたイベントは、社員に「自分が大切にされている」と感じさせ、会社への愛着心やエンゲージメントを高める効果があります。エンゲージメントが高まれば、離職率の低下や生産性向上が期待できます。イベントは、日々の業務から一時的に解放され、リラックスできる場となります。適度なリフレッシュの機会があることで、社員はストレスを軽減し、メンタルヘルスを保つことができます。健康であることは、業務効率や全体的な生産性の向上にもつながります。

このイベントをきっかけにして、仕事で分からないことが出てきたときには、席が隣同士になった他工場の同じ整備工の先輩に電話で相談したりして、工場や部署の垣根を越えたコミュニケーションが増えてきます。「ありがとうカード」を渡す人も、他工場にまたがることも多くなり、さまざまな人たちとの交流が活発になってきます。

なお、これ以外にも毎月の定例会議では、その月誕生日を迎えた社員を祝う「誕生日会」も催しており、プレゼントとともに、同じ工場のスタッフからの感謝のメッセージも贈呈しています。これも、社員同士の関係の質を高めるのに活きています。「成功の循環」を生み出すことが、モチベーションの向上、さらには新たな行動を生み出します。

④ 毎年個人目標を作成する

毎年12月に開催される忘年会は、社員が新しい年に向けた個人目標を立てる重要な場となっています。この場で設定される目標は、社員一人ひとりが自身の成長を具体的に描くためのものです。各自が4項目の目標を掲げることで、職種ごとのスキルアップや業務改善を図り、会社全体としての目標に貢献できるよう工夫されています。

例えば、整備スタッフであれば資格取得や専門的な技術向上を目標とし、事務職や営業スタッフは、顧客対応や提案スキルの強化、業務上のミスを減らすための書類作成の改善など、具体的で実行可能な目標を掲げています。こうした多様な目標設定により、社員は自らの仕事の価値を見つめ直し、日々の業務の中で自己成長を促進する仕組みができています。

個人目標の更新を毎年行うことで、社員一人ひとりが自己の成長を確認し、マンネリ化を防止するだけでなく、仕事に対する新鮮な意識を持つことができるのです。これは短期的な達成感をもたらすだけでなく、長期的なビジョンともリンクしており、目の前の仕事に真剣に取り組みながら、将来的なキャリアや会社の成長にも目を向けられる機会を提供しています。こうした目標設定のサイクルは、社員が日々の行動に対する意識をより高め、長期的な視点を持って仕事に向き合う一助となっています。

さらに、目標設定と並行して「良い会社づくり」に向けた取り組みも重視しています。社員一人ひとりがこの1年間で何を成し遂げたいかを言語化し、それを共有することで、過度な個人主義に陥ることなく、会社全体の方向性と統一した意識を持てるようにしています。このプロセスを通じて、社員は自分の目標が単なる個人の利益にとどまらず、組織全体の利益や成長につながることを理解します。

われわれのような労働集約型の企業が持続的に利益を上げ、黒字経営を続けるためには、社員一人ひとりのモチベーションが欠かせません。そのため、「給与が上がる」「ボーナスが増える」といった社員にとってのメリットと、会社の利益を結びつける仕組みづくりが必要です。しかし、短期的な利益を追い求めるだけでは、長期的には世間から必要とされない企業になるリスクがあります。自分たちだけの利益を優先するのではなく、お客様や仕入れ先、協力会社といったステークホルダーに対してどのような価値を提供できるかを常に意識することが求められます。こうした姿勢を持つ企業でなければ、地域社会や顧客から信頼されず、持続的な成長も難しいのです。

こうした背景から、私たちは経営計画の基本目標として次の3つを掲げています。

1．元気な百年企業を目指し、達成する
2．社員の働き甲斐、幸せを考え、達成する
3．お客様、取引先様、地域社会のために、いい会社創りを目指し、達成する

これらの目標のもと、社員は「お客様のために」「仕入れ先や外注先のために」「メーカーや仲間のために」自分ができることは何かを常に考え、行動に移すよう努めています。このように、個人目標を組織のミッションやビジョン、ステークホルダーとの関係性に結びつけることで、社員が会社全体の成功にどのように貢献しているかを深く理解できるようになっています。例えば、企業の成長目標に沿った個人目標を設定することにより、個々

の取り組みが全体にどう影響を与えるかが明確になり、社員がより責任感を持って業務に取り組める環境が整います。

また、社員がほかの部署やチームメンバーをサポートし、後輩の育成に努めるような目標も設定されており、個人が周囲との協力を意識し、チームの一員としての自覚を高めることが期待されています。例えば、ベテラン社員が新人に知識や技術を教え、後輩を育成することでチーム全体の能力が向上するため、個人の成長と組織の成長を両立する文化が根付いています。

私たちが提供するサービスや製品を支えるのは、信頼できる仕入れ先からの部品調達や、長年にわたるお客様との関係性です。特に盛岡を中心とする東北エリアでの商売を続けるうえで、協力会社（仕入れ先）や顧客と何十年、何百年先までも続く信頼関係を築くことが不可欠です。社員一人ひとりがこの関係を深く理解し、すべてのステークホルダーに対して何ができるかを常に考える環境を作り出しています。このような社内風土があるからこそ、私たちは地域に根ざし、地域社会に貢献できる企業を目指し続けることができるのです。

⑤毎朝予祝を行う

「④毎年個人目標を作成する」とセットで行うのが「予祝」の活動です。未来の叶えたいことを先に喜び、祝うことで、その未来を現実に引き寄せる、ある種の願掛けのことです。これは、起業家やアスリートがよく活用している、夢（目標）から逆算して今やるべきことを考える「逆算思考」に共通するところがあります。

実際、２０１２年のロンドン五輪でミドル級のボクシング種目で出場した村田諒太選手の奥さんは、村田選手が自宅に帰ってきたらいつも目にする冷蔵庫に「オリンピックで金メダルをとりました。ありがとうございました」という未来完了形の張り紙を貼っておき、応援したそうです。それによって、村田選手にできるという自己暗示がかかり、見事金メダルを獲得しました。メンタルコントロールの一種だと思います。

私たちは、毎日の朝礼で「工場の経営方針」「年間の重要方針」「個人目標」「良い会社づくり」を１日１人ずつ、予祝の形で唱和するようにしています。個人目標でいえば、整

備スタッフの場合は、

「私は仕入れ先・外注先のために、分かりやすい説明をして発注ミスゼロという目標を達成しました。ありがとう」

「年内に、シャシ（エンジンとボディを除いた部分の総称）とガソリンの2級自動車整備士の資格を取りました。ありがとう」

営業スタッフの場合は、

「社内間の情報共有を活性化し、営業活動に活かすことを目標とし、達成しました。ありがとう」といった内容です。

最後はみんな、達成への感謝の言葉「ありがとう」で締めくくります。自分自身で目標を達成したイメージを持って言葉にして、みんなの前で発表することで、やらざるを得ない状況にもなり、実現に向けて頑張るようになるのだと思います。ポジティブなことを発すれば、モチベーションが高まってくるように、自分の目標を口にする効果は、口にしないときよりもはるかに高いです。

⑥外部講師による研修を定期的に実施

社長に就任した頃は、私自らが講師となって、社員たちに研修を行っていました。当時は、業績の厳しい時期で、なかなか業績が上がらなかったので、私のやり方に疑問を呈する社員もいました。ですから、こちらがこれまで学んできたエッセンスを話しても、聞いてもらえないことがありました。

それなら、話し手を第三者の外部の人にお願いするのがいいのではと考えるようになりました。そういう人なら人前で話すのも慣れているので、テーマに興味を持てない社員の気持ちを引き込んでいくように話をしてもらえるのはもちろん、社員のモチベーションアップにつながる気づきを提供してくれると思ったからです。

社外研修は、社内での考え方や視点にとらわれず、新しい考え方や異なるアプローチを提供してくれます。これにより、社員は自分たちの仕事や課題に対して新たな視点からアプローチできるようになり、新しい知識やスキルを身につけることで、自分自身の成長を実感し、自己肯定感や仕事に対するモチベーションが高まります。

外部講師は社内の人間関係や組織の文化に影響されないため、社員に対してより客観的で中立なフィードバックをしてくれます。このフィードバックは、社員が自分の強みや弱みを客観的に理解し、改善すべき点を把握するための貴重な情報源となります。社外研修は社員にとって「非日常的」な学びの機会となり、学習に対する新鮮な刺激を与えます。新しい講師や学びのスタイルは、社員にとって刺激的であり、学習意欲を高める効果があります。外部講師の研修を通じて、社員同士が新しい話題や学びを共有することで、社内のコミュニケーションが活性化します。特に、チーム全体での研修参加やグループディスカッションを行うことで、チーム間の連携や協力が強まり、組織全体のパフォーマンス向上につながります。

講師としてお願いする人は、経営コンサルタントや高校教師、経営者など、さまざまな人たちがいます。皆さん実績があったり、メディアに取り上げられたりと、普段では会えない著名人も多いです。そんな人たちが、わざわざ岩手・盛岡までやって来て、私たちのためにセミナーやワークショップを行ってくれます。それだけで、社員は価値を感じるようになります。

研修を誰にお願いするかは、私がすべて人選を行います。数年前には、一般社団法人日本ほめる達人協会の理事長・西村貴好さんに来てもらい、「人をほめる」ことの大切さを話してもらいました。

ほめることは「思いやり」の意思表示であり、良好な人間関係を構築するうえでは欠かせません。また、ほめられた本人も、自分の気づいていない「自分らしさ（強み）」を理解するチャンスでもあります。この研修終了後には、各社員が職場の同僚に書いてもらった自分への「ほめ言葉」を、忘れることがないように、これも1日1人毎朝、唱和しています。

知らない人にほめられるのではなく、一緒に働いている仲間から見える「〇〇くんの、ここが職場のムードを明るくしている」「優しい。ミスをした後輩たちにさりげなく声をかけて、教えているところがすてきだ」といったメッセージをもらえるので、本人も自信がつき、自己理解が深まるようになります。それに、ほめる際には、その人をよく観察したうえで、その人らしさとなる強みを見つけていくので、他者理解にもつながります。この研修によって、職場の同僚同士の信頼が深まり、職場のさらなる活性化にもつながっています。

2023年には、無名校のサッカー部からいきなりインターハイ（全国高等学校総合体育大会）の全国優勝を成し遂げた、サッカーの指導者・畑喜美夫さんに来てもらい、8カ月の長期研修（月1回）を実施しました。畑さんの指導法は、従来型のトップダウン方式ではなく、トレーニングメニューから生徒たちで話し合って決めさせます。チームとして課題を見つけ、それを解決するための練習メニューを自分たちで考え、実践します。まさにボトムアップの指導法です。

これは、私たちがモチベーション向上のために導入した損益計算書づくりと同じ考えです。そこで畑さんから、自身が行っている指導法と私たちの取り組みとの共通点を語ってもらい、さらに今一度社員が損益計算書づくりや普段の業務において、意識すべきポイントを再認識してもらうようにしました。ただ、少しレベルが高すぎました。

このように、定期的に外部の著名人による研修を行うことで、社内に新たな気づきをもたらし、社内の取り組みがマンネリ化しないように工夫しています。

第三者の目から見た当社の魅力を可視化し、アピールする

私たちはこれまで、社員のモチベーションを高めるために「ありがとうカードの交換」や「表彰式」、さらには「毎月の誕生日会」などさまざまな取り組みを続けてきました。これらの取り組みが確かな効果をもたらしていることは、社員の意欲が業績にも反映される形で実感しています。しかし、こうした努力はこれまで外部にはほとんど発信してきませんでした。

近年、中小企業は特に人手不足に悩まされ、採用活動も困難を極めるようになっています。私たちも例外ではなく、苦戦を強いられている状況を改善するために、一念発起し、これまでの社員向けの取り組みを採用活動にも活かすことにしたのです。そこで、企業の

魅力を伝える採用ホームページを本格的に立ち上げることを決意しました。

採用ホームページの完成度は多少のコストをかけてもこだわりたい――そう考えた私たちは、採用ホームページ制作の実績を持つ制作会社を探し、インターネットで入念にリサーチを行いました。さらに、会社ごとに直接連絡をとり、具体的な相談に進んでいきました。

ここでの重要なポイントは、「ただ一方的な情報を載せるだけでは、自分たちが求める人材に魅力が伝わらない」という点でした。自社視点だけではどうしても伝わりにくい会社の魅力や社員の熱意を、第三者である制作会社の視点からアピールしてもらうことにしたのです。そのために、岩手県にある本社へ実際に制作会社のスタッフが4～5回も足を運び、取材や写真撮影を繰り返しました。こうして、なんと1年がかりで、私たちの会社の魅力を凝縮した採用ホームページが完成しました。

採用ホームページには、これまで言語化しきれなかった「私たちが求める人物像」を明確に示し、また社内で行ってきた社員モチベーション向上の取り組みや、社員が実感している仕事のやりがい、私たちの会社が大切にしている価値観をしっかりと可視化しました。デザインにおいても、若手人材に訴求できるテイストに仕上げ、私たちの会社の世界観や働く意義をビジュアルとともに表現しています。

この採用ホームページは、2015年、日本BtoB広告賞のウェブサイト〈リクルートサイト〉の部において銅賞を受賞しました。さらには日刊自動車新聞社、岩手日報社、盛岡タイムス社といった地元メディアでも、受賞の報告とともに私たちのユニークな取り組みについて掲載されました。こうして会社の取り組みが外部に広がることで、当時の厳しい売り手市場においても、私たちは2～3人の若手社員を採用することができました。

その後も地方での人材流動化が進む中、私たちの会社でも退職する社員は出ていますが、驚くことに採用活動にはまったく困っていません。むしろ、ホームページの威力で多くの求職者からの応募があるのです。この経験からも、企業が自社で行っている社員モチベーション向上の取り組みは、社内にとどめるのではなく、採用ホームページを通じて外部に発信する価値があると強く感じています。

モチベーションの高い社員が増えると、業績も人も変化する

社員のモチベーションが高まってくると、業務や資格取得に対する意欲が一層高まります。こうした意欲の高まりにより、社員は新しい資格取得に積極的に挑戦し、業務に必要な知識やスキルを強化していきます。それだけでなく、他部署のスタッフとも密なコミュニケーションを取るようになり、チーム全体の連携が一層スムーズになります。結果として、クオリティの高いサービスを提供できるようになるため、私たちへの顧客からの評価も格段に向上します。このような取り組みが積み重なることで、リピートの依頼が増加し、新たな顧客の紹介も次々と舞い込んでくるのです。まさに、社員一人ひとりの努力が会社全体の成長に寄与しているといえます。

さらに、社員のモチベーションが業績に反映されるのは、売上や利益だけにとどまりません。多くの社員が自発的に新たな資格取得に挑戦し、短納期のプロジェクトや残業が発

生するような急ぎの案件にも意欲的に取り組むようになりました。こうした姿勢は、社員一人ひとりが仕事に対する責任感を持ち、自己成長を目指して積極的に行動している証しです。目標達成に向けた工夫や効率的な業務の進め方を社員が自ら考えるようになり、その結果、個々の生産性が向上していきます。社員の成長が積み重なり、チームや組織全体の業績向上に結びついているのです。また、顧客に対しても高品質なサービスを提供するという意識が浸透しており、顧客のニーズに柔軟に対応し、より良いサービスを提供しようとする姿勢が顧客満足度の向上に貢献しています。加えて、社員同士が積極的にコミュニケーションを取り合い、互いに協力し合う姿勢が生まれています。これがチームの士気を一層高め、助け合う文化を育み、チームのパフォーマンスを向上させているのです。協力的な環境は、業務全体の効率を高めると同時に、難易度の高い案件もスムーズに進行させることができます。こうしたポジティブなエネルギーはほかの社員にも良い影響を与え、社内全体に前向きな雰囲気が広がっていきます。

ポジティブな文化が定着してくると、組織全体の連帯感が強まり、企業の業績や働きやすさが自然に向上します。社員同士が協力し合う姿勢が根付き、チーム内のコミュニケーションやサポートが円滑に進むようになるため、仕事の進行も一層スムーズになり、成果が出やすくなります。また、相互の信頼関係が強まることで、組織全体の士気が高まると同時に、個々の生産性も向上していきます。こうした意欲的な社員が活躍することで、組織全体の創造性や問題解決能力が向上し、企業の成長に大きな好影響をもたらしているのです。

もちろん、こうした職場の雰囲気を嫌う社員が退職することもありますが、驚くことに、自律的に成長しようとする社員が増えると、その文化に共鳴する人々が自然と集まるようになります。企業文化が社員の成長意欲を高め、ポジティブな職場環境が形成されると、それにふさわしい人材が社外からも引き寄せられてくるのです。

会社の成長を振り返ると、これまで幾度も本社工場の移転を経験してきました。創業当初は盛岡市内にあった木造の小さな工場が、私が43歳のとき、盛岡中央工業団地に移転しました。新しい環境に合わせて採用した社員たちが会社の中心となり、次第に企業活動を牽引《けんいん》するようになりました。そして2018年には、従来の面積の約3倍に及ぶ新社屋が完成し、再び新たな段階に進むことができたのです。こうした移転のタイミングで適した人材が次々と入社し、社内に新しい風を吹き込んでくれることを実感しています。

さらに、新工場を建設する際には、私にとって良い方角に位置するよう、「九星気学」に基づいて方位を決定したり、工場や事務所のレイアウトについても助言を受けたりしました。家相や配置を考慮しながら、慎重に図面を引き、新社屋の設計を行ったことで、会社の成長にふさわしい人材が集まる土壌が整ったのです。

こうした環境の変化は、社員が企業への愛着や忠誠心を感じやすくなる一因にもなっています。その結果、離職率は低下し、社員一人ひとりが長く働き続ける体制が整ってきました。創業時は3人の社員でスタートした会社が、今では50人を数える社員を抱えるまでに成長できたのは、まさに社員一人ひとりの努力と組織全体の協力の賜物です。個々の成長とチームの成果が重なり合い、企業全体の競争力が強化され、さらには市場の変化や競争にも柔軟に対応できるようになっています。新しいアイデアを積極的に取り入れることで、他社との差別化が図れ、長期的な成長と業績向上へとつながっていきます。

このようにして築かれてきた社内文化と職場環境が、企業全体の成長を支える強力な基盤となっています。社員のモチベーションが高まり、自己成長とチームの連携を意識しながら仕事に取り組むことで、今後もますます企業の発展に貢献できると確信しています。

目標達成の一方で大切な「利他の心」の価値

社員にとって損益計算書とは、給与のベースアップや業績配当金、休日の充実といった目標実現のための指標です。業績が待遇に反映されると分かることで、日々のモチベーションも高まります。しかし、こうした目標を達成するために取引先に過度な要求をするような姿勢には注意が必要です。例えば、仕入れ先に無理に価格引き下げを求めて一時的な利益を上げることはできても、長期的には信頼を損なう恐れがあります。目先の利益ばかりを追い求めるやり方は短期的な成功をもたらすかもしれませんが、長く続く企業の基盤にはなり得ません。信頼と透明性こそが持続可能な成長の基礎となるのです。

また、企業は社会や環境と調和しながら存在しています。そのため、業績目標を追い求めると同時に、企業の社会的責任（ＣＳＲ）や持続可能な取り組みを進めることが重要です。社会に良い影響を与え続ける企業は顧客や投資家からの信頼を得やすく、長期的な成長が見込めます。単なる収益を超えた価値の提供が企業に求められているのです。

私は毎年の経営計画発表会で、社員に「利他の心の大切さ」を伝えています。「利他の心」とは、自分の利益だけでなく他者の利益や幸福にも配慮する姿勢を意味します。私たちのビジネスは一人で完結するものではなく、社内の各部署や取引先など、多くのステークホルダーの協力によって成り立っています。例えば、自分が休んでいる間に、ステークホルダーが仕事を調整してくれているからこそ、顧客にスムーズにサービスを提供できていることもあると思います。このように「利他の心」で互いを尊重し、感謝することが、企業全体の成長を支えるのです。

さらに、社員には「三方よし」の精神に基づき、自分が関わるステークホルダーに対し、今年どのように貢献するか目標を言語化するように求めています。メーカーや仕入れ先、社内の同僚など、関わる人々すべてが満足できるよう行動することが、企業活動を真に社会に根付かせるのです。これに加えて、損益計算書に基づく利益目標と同様に、この個人目標も朝礼で唱和し、意識を共有します。声に出して目標を宣言することで、心に刻まれ、日々の行動にもつながりやすくなります。

「三方よし」は、江戸時代の近江商人の哲学で、「売り手」「買い手」「世間」のすべてが満足できる事業のあり方を示しています。この精神を現代に取り入れることで、社員は単に利益の追求だけでなく、関係するすべての人々が幸せになるための行動を意識するようになります。その結果として、企業は長期的な信頼関係を築き、持続可能な成長へとつながっていくのです。

社員が楽しんで参加できる月例会議

会社がさまざまな取り組みを進めていくと、社員たちの意識が少しずつ変わり、「最近、会社が何か変わってきたな」と感じるようになります。こうした変化がきっかけとなり、自然と社員の意識改革が進んでいきます。そこで私たちは、社員が喜びや感謝を得られるような活動を積極的に取り入れています。具体的には、誕生日を祝う会や「ありがとうカード」の交換、さらには毎月の表彰式などが挙げられます。これらは社員にとってうれしいものばかりですので、反対する人はまずいません。

特に、毎月の「表彰式」は私たちが大切にしている行事の一つです。各部署の幹部社員に「今月最も頑張ってくれた社員」の名前を紙に書き出してもらい、その人たち全員を表彰しています。選ばれた社員には報奨金も支給され、皆の前で称賛されます。また、普段は目立たないものの、縁の下の力持ちとして頑張っている社員にも表彰の機会が平等にある点が特徴で、この表彰式を通じて社員全員が「自分もいつかは」と感じられるようになっています。表彰されると少し気恥ずかしい気持ちもあるようですが、それ以上に「これからも頑張ろう」という意欲が湧くことが大切です。

月例会議もまた、私たちが重視している場です。数字や課題について話し合うこともありますが、基本的には「リフレッシュの場」として、感謝や称賛を伝え合う機会と位置づけています。例えば、社員同士が「ありがとうカード」を通して感謝の気持ちを伝え合ったり、普段は評価されにくい頑張りをたたえたりします。これにより、チーム全体の士気が上がり、職場の雰囲気も自然と良くなっていきます。

また、資格を取得した社員や、その月に誕生日を迎えた社員を祝うなど、月例会議は多様な形で称賛と感謝を伝える場として機能しています。会議に参加する社員は笑顔が絶えず、最後にはお菓子を配って終了します。これは単なるイベントではなく、社員同士の距離を縮め、チームビルディングを促進する大切な機会です。業務のプレッシャーや数値目標に追われる日常から少し離れ、笑いや軽いゲームを通じてお互いを知ることで、チーム内に一体感が生まれ、協力し合う姿勢が育まれます。

もしも数字や課題ばかりに焦点が当たった場であれば、月例会議は社員にとって負担やストレスを感じさせてしまうはずです。しかし、楽しさを取り入れた月例会議は社員のモチベーションを高め、次の仕事への意欲を向上させる効果があるのです。この会議を通して自然と感謝や協力の精神が根付くことで、企業文化も強化され、ポジティブで協力的な雰囲気が醸成されます。社員同士のつながりが深まれば、企業全体のパフォーマンスも向上していきます。

誕生日会に関しても、社員たちは心温まるやりとりを通してモチベーションを得ています。例えば、誕生日を迎えたA工場の社員には、同僚たちから「あなたがここにいてくれてとてもうれしいです」という一言とともに、感謝の気持ちを込めたメッセージが届けられます。このメッセージを受け取った社員は皆の思いに感激し、自然と「これからの一年も頑張ります」といった意気込みを口にするようになるのです。このような励ましが社員のやる気を引き出し、さらなるモチベーション向上につながっています。

これまで導入してきた施策は、「社員のために私たちが心を込めて実施している」という想いをしっかりと伝えており、社員たちからは「会社が自分たちを大切に思ってくれている」と感じてもらえるようにしています。さまざまな取り組みを通じて、チームの絆を深め、モチベーションを高めることで、結果として全体の士気が上がり、より良い職場環境が育まれています。

経営者は「コモンセンス」からの脱却を意識する

社員が施策を考えると、よくあるような案に落ち着いてしまいます。社員のモチベーション向上につなげるには、従来とは大きく異なる発想やアイデアが必要になります。私がいちばん懸念しているのは、普通の会社になってしまうことです。そうなると、世間一般にある「中小企業が大変だ！」と言っているような会社に、私たちもなってしまいます。だからこそ「損益計算書」づくりのように何か一つ突出した施策を取り入れなければなりません。

常識は英語で「コモンセンス（common sense）」といいます。売上や利益を向上するために、社員のモチベーションを上げるとします。そのために何をどうすればいいかということを、社員の常識とは違うものさしで考えます。コモンセンスは「一般の人のセンス」です。会社の経営者は、一般の社員よりも多くの情報を収集し、事業や組織を俯瞰するため、一般のセンスではダメです。そこは常に意識する必要があります。

常識にとらわれると、従来の方法や慣習に固執し、新しいアイデアや発想が生まれにくくなります。イノベーションは、既存の枠組みや考え方を打破し、新しい解決策を見つけることで生まれます。常識を疑い、異なるアプローチを試みることで、従来にはなかった革新的な製品やサービスが生まれる可能性があります。市場や社会の状況は常に変化しています。コモンセンスに従っていると、変化に対して柔軟に対応できず、時代遅れの戦略や方法に固執してしまう可能性があります。コモンセンスから脱却することで、変化する環境に素早く適応し、競争力を維持することができます。常識は多くの場合、固定観念に基づいています。固定観念を持つと、異なる視点や新しい可能性を見逃すことが多くなります。常識から脱却することで、従来の枠組みを超えて考える力を養い、より広い視野で問題をとらえることができます。

常識に従うことは、リスクが少ない半面、革新のチャンスを逃すことが多いです。コモンセンスから脱却し、新しいアイデアに挑戦することはリスクを伴いますが、その分成功したときのリターンも大きくなります。リスクを恐れず、常識に挑戦する姿勢が重要です。問題が発生したとき、常識的なアプローチだけでは限界があります。コモンセンスを超えた柔軟な思考を持つことで、よりクリエイティブで効果的な解決策を見つけることができます。新しい発想があれば、従来の方法では解決できなかった問題にも対処できるようになります。

従来にはなかったことをやろうとすることです。世間の常識とは違うこと、普通の人が考えることと違うことを施策として取り入れています。しかし、世間的には社員の言うことを聞いて経営を行っていくのがいちばんだという風潮があります。その暗黙の了解のようなものがあって、そういうコモンセンスから脱却できていない会社のほとんどが、今なお業績を伸ばせずに苦労している傾向にあります。社員が知っているのは日常の作業のことで、経営のことは知りません。経営がらみのことを社員に言われたからといって、そこは曲げずにやり抜くことが、意外にも経営者に求められている、大事な素養です。それは意識しないとなかなか続けられません。周りに染まることなく、常にユニークさを意識して、取り組み続けられるか。コモンセンスに従うだけでは、新しいニーズを見逃す可能性があります。変化の激しい現代のビジネス環境において、企業が競争力を保ち、成長し続けるためにコモンセンスからの脱却が非常に重要です。柔軟な思考によるリスクテイク、そして新たなビジネスモデルの創造といった側面で、常識にとらわれない経営姿勢が企業の成功を後押しします。

おわりに

どうすれば活気のある企業になれるのか。
いかにしてV字回復を実現するのか。

企業の活力を維持し、困難を乗り越えてV字回復を成し遂げることは、経営者にとって非常に重要な課題の一つです。特に中小企業の場合、限られたリソースの中でどのようにして成長を実現したらよいかという問題は、大企業と比べると一層深刻なものとなります。市場の変化や経済的なプレッシャーが年々増していく中、企業が持続的な成長を追求するためには、確固たる戦略と柔軟な思考が欠かせません。経営とは、常に変化する状況の中で、動く標的を追い続けるようなものであり、既存の成功体験や固定観念に縛られていると、たちまち衰退が始まるのです。

私自身、社長として40年以上この課題に向き合い、さまざまな取り組みを行ってきました。その結果として、40年以上黒字経営を維持し続けることができました。しかし、その成功の裏には、地道で着実な努力が積み重なっています。他社の成功事例を徹底的に分析し、それを自社の状況に合わせて工夫・応用するというプロセスを重ねた結果、現在の安定的な経営が成り立っているのです。経営において奇跡のような成功は存在せず、毎日の積み重ねが結果的に奇跡を生むのだと実感しています。

企業が成長するためには、ゼロから新しい方法を生み出すというのではなく、他社の成功事例から学ぶ姿勢が非常に重要です。一部の経営者は、「他社のやり方を参考にして本当に成果が出るのか」という疑問を抱いていると思います。しかし、完全にゼロベースで施策を考えるのは大きなリスクを伴ううえに、成功の確率も下がってしまうことが多いのです。むしろ、すでに他社で成果をあげた方法を応用するほうが、効果的かつ実現可能な結果を得やすいのです。

例えば、ある中小企業がデジタルマーケティングの導入によって売上を大幅に伸ばした事例を知ったとします。それをそのまま模倣しても、自社では同じ効果が得られない可能性があります。この背景には業種の違いや、ターゲット顧客の属性、自社の持つリソースなどが異なるという背景があるからです。だからこそ、ここで重要なのは、他社の事例を単にコピーするのではなく、自社の状況に応じたアレンジを加えることです。具体的には、その成功事例がどのような背景や課題から生まれ、どのようなプロセスを経て成功に至ったのかを丁寧に分析し、自社に適した形にカスタマイズする必要があります。この柔軟な思考と失敗を恐れずに挑戦する姿勢こそが、中小企業が困難を乗り越え、成長を遂げるためのカギとなるのです。

私自身も社長としての最初の数年間は、経営についての知識がほとんどない状態でした。創業者である父から会社を引き継いだものの、経営ノウハウを持ち合わせておらず、判断に苦労する日々が続いたのです。何をどのように決定すればよいのか分からない中で、他社から学ぶことが唯一の手段でした。失敗を恐れず、実際に試し、うまくいかなかったら修正を加えるという試行錯誤の繰り返しが、少しずつ会社を前進させる力になっていったのです。

特に、社長としての最初の5~6年は業績が低迷する中で、プレッシャーに押しつぶされそうな日々でした。しかし、今振り返ると、当時の自分にとっては「経営について知らなかったこと」がむしろ強みとなっていたように思います。知識がないからこそ既存の方法に固執せず、他社の成功事例を柔軟に取り入れることができた結果、低迷していた業績をV字回復させることができました。

私たちがこの過程で最も重視したのは、「損益計算書」の活用です。当初は単に経営状況を把握するためのツールとして利用していましたが、これを社員全員に共有する取り組みによって、会社全体の経営状況を可視化する仕組みへと進化させました。損益計算書を定期的に確認することで、社員は自分の仕事が会社全体にどのような影響を与えているかを数値で実感することができます。この意識の変化は、単なる生産性向上にとどまらず、社員一人ひとりのモチベーションアップにもつながりました。自分の役割を正確に把握した社員たちは、自発的に業務を見直し、成果を出すための努力を惜しまなくなるのです。

さらに、社員の意識改革を進めるため、私たちは定期的に社内教育や研修を実施しました。具体的には、外部講師を招いてのセミナーや、他社の成功事例を紹介する勉強会、社員間で成功体験を共有する会合を開催しました。このような取り組みを通じて、社員全員が「学び続けることが自己成長に直結し、それが会社全体の成長につながる」という意識を共有することができました。特に重要だと考えているのは、経営者である私自身が学び続ける姿勢を示すことです。リーダーが率先して学ぶ姿勢を見せることで、社員たちも「学ぶこと」の価値を実感するのです。

最後に、私は地方から元気な中小企業が次々と生まれることを心から期待しています。地域経済の活性化に寄与するためには、地域の特性を活かした柔軟な経営が求められます。他社の成功事例から学びつつ、自社の強みを活かした施策を展開することで、企業はさらなる成長を遂げることができるものと考えています。経営者の行動が社員や地域、さらには社会全体に前向きな影響を与えるのです。このような企業が日本全国に広がることで、より明るい未来が実現するはずです。企業が社会や地域とともに歩むことで、新たな価値が生まれ、次世代への希望となるのです。

加えて、地方の中小企業が持続的に成長していくためには、イノベーションを生み出す力が不可欠です。新しい技術やアイデアを取り入れ、従来の枠組みにとらわれない発想で事業を展開することが求められます。このように、地方の中小企業が自ら変革を遂げ、地域社会とともに成長していくことで、日本の経済全体が発展につながっていくのです。私たちは、そのような希望に満ちた未来を目指し、一丸となって努力を重ねていかなければなりません。

本書で紹介した損益計算書を社員全員で共有することで社員のモチベーションがアップし、業績アップにつながる企業が少しでも増えれば、著者としてこれほどうれしいことはありません。なお、ここに紹介した方法をそのまま採用するのではなく、それぞれの会社の事情に合わせてアレンジするのでもよいです。実際に私の場合も、さまざまな書籍を読んだり、セミナーに参加したりして吸収しましたが、自社にとってやりやすい方法で取り入れた経緯があります。

地方の中小企業が力強く成長し、地域社会に活力をもたらす、そんな日本の未来を私は心から願っています。
ともに手を携え、より良い社会を創造していきましょう。

久慈俊幸（くじ としゆき）

1948年岩手県生まれ。いすゞ自動車株式会社を経て、1972年東和自機工業有限会社入社。1982年に創業者である父が亡くなり、社長に就任。経営状況が悪く万年赤字から改善するための新たな取り組み（経理周りの整備、社員のモチベーション向上、損益計算書の公開等）を進め、黒字化に成功。「整備事業者アワード2023」受賞。

本書についての
ご意見・ご感想はコチラ

会社がV字回復する！
経営者のための
損益計算書活用術

2025年1月30日　第1刷発行

著　者　　久慈俊幸
発行人　　久保田貴幸

発行元　　株式会社 幻冬舎メディアコンサルティング
〒151-0051　東京都渋谷区千駄ヶ谷4-9-7
電話　03-5411-6440（編集）

発売元　　株式会社 幻冬舎
〒151-0051　東京都渋谷区千駄ヶ谷4-9-7
電話　03-5411-6222（営業）

印刷・製本　中央精版印刷株式会社
装　丁　　川嶋章浩

検印廃止

Printed in Japan
ISBN 978-4-344-94879-2 C0034
幻冬舎メディアコンサルティングＨＰ
https://www.gentosha-mc.com/